Carlo Schulz

Aller guten Dinge ist eins – Plädoyer für ein besseres Schulsystem

Sachbuch

Mauer Verlag
Wilfried Kriese
72108 Rottenburg a/N
Buchgestaltung: Wilfried Kriese
Titelbild: creativ collection
2008
ISBN 978-3-86812-124-7

www.mauerverlag.de

Inhalt

Zum Autor:

Carlo Schulz, Jahrgang 1942, geboren in Darmstadt, Abitur in Flensburg, Studium zum Grund-, Haupt- und Realschullehrer an der Johann-Wolfgang-Goethe-Universität in Frankfurt/ Main mit „gut", besteht seine 2. Staatsprüfung in Weilburg an der Lahn „mit Auszeichnung" und legt seine Erweiterungsprüfung zum Realschullehrer an der Universität in Frankfurt/ Main1968 mit „gut" ab.

12 Jahren als Lehrer, Vertrauenslehrer der Schüler und Personalratsmitglied an der Jakob-Mankel-Schule, Grund-, Haupt- und Realschule, in Weilburg folgen von 1978 bis 1995 die Schulleitungen an den Grund- und Förderstufenschulen in Leun-Biskirchen sowie in Wetzlar-Nauborn. Von 1995 bis 1998 leitet er die Deutsche Schule Kopenhagen, um nach seiner Rückkehr bis 2001 als stellvertretender Direktor an der Integrierten Gesamtschule Aßlar-Hermannstein, heute Alexander-von-Humboldt-Schule, tätig zu sein.

Bis zu seiner Pensionierung im Jahr 2007 ist Carlo Schulz Mitarbeiter der „Koordinierungsstelle Gewaltprävention im Staatlichen Schulamt für den Lahn-Dill-Kreis und den Landkreis Limburg-Weilburg", deren Leitung er im letzten Jahr seines beruflichen Wirkens übertragen bekommt. Die Koordinierungsstelle erhält im Oktober 2007 den Deutschen Kriminalpräventionspreis für ihre grundlegende Arbeit an der inzwischen landesweit übernommenen Trouble-Line (Schülertelefon) und AGGAS (Arbeitsgemeinschaft gegen Gewalt an Schulen).

Von 2002 bis 2005 wirkt Schulz als stellvertretender Projektmanager an einem EU-Projekt zur Verbesserung des Schule-Elternhaus-Verhältnisses – „Partners in Education" – mit. Dabei erhält er weitere Einblicke in das Schulsystem Dänemarks sowie derjenigen Frankreichs, Griechenlands und Polens. Im letzten Jahr seines beruflichen Wirkens repräsentiert er die Koordinierungsstelle Gewaltprävention in einem EU-Projekt zur Reduzierung der Zahl von Schulabgängern ohne qualifizierten Abschluss – „ETIMOS" –, das von Desio/Italien geleitet wird. Weitere Partner sind hierbei Dänemark, Griechenland, Polen, Slowenien und Ungarn.

Der Autor mit studiertem Wahlfach Sport besitzt 3 Trainerlizenzen für die Sportarten Schwimmen, Handball und Fußball und blickt auf zahlreiche sportliche Erfolge zurück, zu denen u.a. 6 Jahre als Handballschiedsrichter in der Bundesliga gehören. Als Referent in Sachen Gewaltprävention und „Beweg dich, Schule!" ist er auch nach seiner Pensionierung weiterhin tätig.

Carlo Schulz hat sich als Kreistagsabgeordneter stets für die flächendeckende Einführung der Förderstufe und der Gesamtschule im Landkreis Limburg-Weilburg eingesetzt, distanziert sich jedoch ausdrücklich von der Art und Weise, in der diese Schulformen überwiegend organisiert worden sind. Darin hat ihn u.a. das direkte Erleben des dänischen Schulsystems bestärkt.

Die vorgelegte Streitschrift versteht er als ein sehr persönliches Plädoyer zur Ablösung des in der Bundesrepublik praktizierten dreigliedrigen Schulsystems, an dessen Stelle ein Schulsystem nach bewährtem skandinavischem Vorbild treten soll.

Auf die Quellenangabe weithin bekannter Untersuchungen und Fakten verzichtet er bewusst, andere dagegen sind dem Handwörterbuch der Pädagogischen Psychologie, der GEW-Zeitschrift „Erziehung und Wissenschaft", einer Broschüre des

Hessischen Kultusministeriums und des Hessischen Landeseltern-beirats, der Zeitschrift „stern“ und dem „Weilburger Tageblatt“ bzw. der „Wetzlarer Neuen Zeitung“ entnommen und entsprechend kenntlich gemacht.

An anderen Stellen wird auf Veröffentlichungen der o.a. Koordinierungsstelle Gewaltprävention im Staatlichen Schulamt für den Lahn-Dill-Kreis und den Landkreis Limburg-Weilburg hingewiesen, die über die Internetadresse der Koordinierungsstelle www.verantwortung.de einzusehen bzw. zu beziehen sind.

1. Einleitung

Wenn ein Oberstudiendirektor bei der Aufnahme neuer Gymnasiasten den Eltern stolz erzählt, man habe „gestern 111 Abiturienten entlassen“ und nehme „heute 235 Neulinge auf“, dann scheint es so, als wisse der Mann nicht, was er damit zum Ausdruck bringt. Oder er hat das System derart verinnerlicht, dass er darüber gar nicht mehr nachdenkt. Tatsache ist, dass allein an dieser Schule bei 124 jungen Menschen eines Jahrgangs, deren Erziehungsberechtigten und auch den beteiligten Lehrkräften sehr, sehr viel Substanz verbraucht wurde und vor allem auf der Schülerseite Vertrauen und Selbstwert verloren gegangen sind, möglicherweise prägend für das weitere Leben.

Wenn ein Repräsentant der OECD den Deutschen aufgrund zahlreicher Erhebungen dringend empfiehlt, das dreigliedrige Schulwesen abzuschaffen und es durch ein in anderen Industrieländern bewährtes zu ersetzen, so erhebt sich in Fernsehen, Rundfunk und Blätterwald ein Sturm der Entrüstung über den Mann. Er solle doch gefälligst in Kolumbien bleiben und uns mit seinen Ratschlägen verschonen. Damit wird ebenso Hilflosigkeit wie Borniertheit zum Ausdruck gebracht, zum Kern der Sache kommt man nicht bzw. will man nicht kommen.

Wenn die PISA-Studie uns bescheinigt, dass wir allenfalls im Mittelfeld der teilnehmenden Nationen liegen, dann entbrennt der Streit zwischen beispielsweise Bayern und Berlin, indem unsere souveränen Freunde aus dem Süden beklagen, dass die Hauptstädter den Schnitt kaputt machten. Sicher würde das eine oder andere Bundesland ein wenig besser abschneiden als das andere, doch bleibt die Tatsache bestehen, dass Deutschland - entgegen seiner Selbsteinschätzung - die Bildung betreffend allenfalls Mittelmaß darstellt.

Wenn uns bescheinigt wird, in keiner anderen Nation bestimme die Schichtzugehörigkeit der Eltern den Schulabschluss ihrer Kinder wie in Deutschland, dann gibt es hierzu allenfalls in einigen Talkrunden kritische Anmerkungen, um danach wieder zum Tagesgeschäft der Politik überzugehen. Eine solche Haltung aber ist unerträglich, gefährdet man auf diese Weise doch die Konkurrenz- und Überlebensfähigkeit einer ganzen Nation. Es liegt der Verdacht nahe, dass die besser situierten Gesellschaftsschichten nur deshalb mit einer solchen Situation zufrieden sind, weil so ihre Privilegien auch weiterhin Bestand haben können. Die Schicksale der auf der Strecke Bleibenden sind offenbar uninteressant.

Wenn wir zur Kenntnis nehmen, dass uns die Zahl der Studierenden im internationalen Vergleich von 25 Industrienationen Rang 24 einbringt - Rang 25 belegt die Türkei - dann bleibt fast jegliche Reaktion darauf aus; es scheint so, als passe sie nicht zur gerade beschlossenen Einführung der Studiengebühr.

Laut Grundgesetz besteht für jeden das Recht auf Bildung. Sie ist ein ungeheuer wertvolles Gut, das im Übrigen auch die Zukunft der Demokratie sichert und nicht zuletzt aus diesem Grund kostenlos sein sollte. Mit den Studiengebühren aber verweigert man einmal mehr solchen Menschen, die aus finanziellen Gründen nicht den Weg auf die Universität einschlagen können, dieses Recht. Und derer werden gegenwärtig immer mehr.

Wenn die Industrie über den Mangel an Facharbeitern klagt, dann beeilt man sich damit anzukündigen, man werde die Hauptschule stärker mit dem Handwerk verzahnen, sodass die Jugend besser vorbereitet werde. Doch kann die Verzahnung mit der Sparte Handwerk allein diesen Mangel nicht beseitigen, es fehlen u.a. auch Ingenieure.

Der gesamte Unterbau in Grund- und Sekundarstufe I geht weitgehend an den Bedürfnissen der jungen Menschen und auch der Wirtschaft vorbei, weil die Realität schneller fortgeschritten ist als das konservative Weltbild es wahrzunehmen bereit ist.[1]

Wenn sichtbar wird, dass die Bundesrepublik ca. 20 % eines Jahrgangs ohne qualifizierten Schulabschluss auf den Arbeitsmarkt bzw. in die Arbeitslosigkeit oder Ein-Euro-Jobs schickt, so wird das Ziel verkündet, in absehbarer Zeit auf 15 % und weniger zu kommen. Und überhaupt sei zu bedenken, dass Deutschland so viele Migranten habe, die den größten Anteil an den o.a. 20 % hätten. Deshalb sei ein Vergleich mit Finnland absolut unangemessen. Eine solche Haltung aber ist menschenverachtend und geht an den Bedürfnissen der Menschen wie der Ökonomie vorbei. Im Übrigen haben die Nationen Skandinaviens bezogen auf die Zahl ihrer Einwohner mindestens ebenso viele Migranten wie die Bundesrepublik Deutschland.

Wenn Todesschützen Massaker in Schulen anrichten, werden Waffengesetze vorübergehend verschärft und die Politik kündigt an, sie prüfe das Verbot von Killerspielen. Den Ursachen nachzugehen, wäre sicherlich besser. Aber dann müsste man ja wirklich etwas unternehmen. Noch immer wird die Prävention nur unzureichend angegangen, obwohl man mit ihrer Hilfe sehr viel Leid ersparen könnte, ganz abgesehen davon, dass die ohne Prävention notwendig werdende Nachsorge allemal teurer zu stehen kommt als die Vorbeugung.

Wenn ein Klassenelternbeirat das von der Schule geforderte Kopiergeld mit dem Hinweis darauf unterstützt, es sei „schließlich die Aufgabe der Eltern, ihren Kindern etwas beizubringen", dann hat er die Mehrheit der Erziehungsberechtigten - mit dem Kopf nikkend - hinter sich. Das Hinterfragen einer solchen Aussage jedoch sollte man tunlichst unterlassen, will man sich nicht der Verzweiflung hingeben.

Wenn beim Elternabend seitens der Lehrkräfte gefordert wird, die Erziehungsberechtigten müssten mehr mit ihren Kindern lernen, dann muss erlaubt sein zu fragen, was denn überhaupt in der Schule stattfindet und welche Aufgabe die Lehrer haben, ganz abgesehen davon, dass viele Eltern heute gar nicht mehr in der Lage sind, mit ihren Kindern gemeinsam zu lernen. Die steigende Zahl von Nachhilfe-Instituten spricht Bände!

Wenn man im familiären Kreis von einer Schule nach skandinavischem Vorbild spricht, wird man gefragt, wie man sich vorstelle, dass hochintelligente Kinder mit den „Dümmsten" zusammen lernen könnten, das ginge doch eindeutig zu Lasten der „Gescheiten". „In einem Geleitzug bestimmt der Langsamste das Tempo", so lautete die Begründung eines Industrie-Managers, der an der Deutschen Schule Kopenhagen die Dreigliedrigkeit des deutschen Schulwesens einführen wollte – damals jedoch erfolglos.

Die Reihenfolge solcher und ähnlicher Ereignisse ließe sich beliebig fortsetzen; es scheint so, als wolle man den Blick über den Tellerrand unbedingt vermeiden. In der Tat aber ist es für unsere Nation schon längst 5 nach 12. Und wir sind dabei, den Anschluss an die internationale Entwicklung auf dem Sektor der Bildung zu verlieren. Wollen wir ernsthaft zusehen, mit welchen Mitteln ausländische Spezialisten in die Bundesrepublik gelotst werden, wo wir doch erst einmal damit beginnen sollten, unsere Hausaufgaben gründlich anzugehen?

Die vorliegende Streitschrift soll dazu dienen, die dringend notwendige Diskussion über unsere Bildungspolitik in Gang zu setzen, zu beschleunigen und mit Argumenten auszustatten, ohne dass sich der Autor dabei überschätzt. Aus seiner Sicht zeichnet er ein Bild des Ist-Zustandes und beschreibt Zielvorstellungen in der Gewissheit, dass seine Stimme alleine nicht ausreichen wird, grundlegende Veränderungen zu bewirken.

Vielleicht ist es vermessen, wenn er Luther zitiert: „Hier stehe ich, ich kann nicht anders!" Aber genau so ergeht es ihm.

Und vielleicht ist es genau so vermessen, das Ergebnis der nächsten PISA-Studie zu prognostizieren: Es wird keine entscheidende Verbesserung für die in unserem Schulsystem gezeigten Leistungen geben, womit die Hybris der verantwortlichen in KMK und Kultusministerien ad absurdum geführt wird. Quod erat demonstrandum…[2]

2. Quo usque tandem …

Die 3 Fernsehsendungen „Anne Will“ und „Fakt“ vom 14. bzw. 15. Oktober 2007 und dem 6. Januar 2008 belegen, dass das dreigliedrige Schulsystem nun endlich einmal öffentlich diskutiert wurde/wird. Auslöser sind sicherlich die PISA-Ergebnisse, die Abhängigkeit der Bildungschancen von der sozialen Herkunft der Eltern, sinnlose und brutale Überfälle Jugendlicher auf Erwachsene, das Ranking unserer Studentenzahlen und der offen zutage tretende Facharbeitermangel, der den Aufschwung verlangsamt. Quo usque tandem abutere patientia nostra – wie lange noch willst du unsere Geduld missbrauchen? möchte man mit einem berühmten lateinischen Geschichtsschreiber fragen, blickt man auf die letzten Jahrzehnte zurück und richtet den Blick nach vorne. Denn es ist an der Zeit, dass nicht nur diskutiert, sondern auch gehandelt wird. Mitglied der EU zu sein, eröffnet die Chance, von anderen zu lernen. Und genau dies sollten wir tun, indem wir unser Schulsystem schonungslos analysieren und es durch ein in anderen europäischen Ländern bewährtes ersetzen. Nicht nur meine Geduld ist am Ende!

Der Neurobiologe Prof. Dr. Gerald Hüther beschreibt in dem Film „Kinder!“ den Bedarf der Kinder wie folgt: „Eigentlich braucht jedes Kind drei Dinge… Es braucht Aufgaben, an denen es wachsen kann, es braucht Vorbilder, an denen es sich orientieren kann, und es braucht Gemeinschaften, in denen es sich aufgehoben fühlt.“[3] Der Leser/die Leserin der Streitschrift sollte genau dieses Zitat im Gedächtnis behalten, wenn er/sie die folgenden persönlichen Sichtweisen und Gegenvorstellungen liest, ehe der Autor in seinem Fazit dazu Stellung bezieht.

3. Persönliche Analysen des Ist-Zustands

3.1 Kindergärten

Unsere Kindergärten decken rein zahlenmäßig nicht den gesamten Bedarf und unterscheiden sich sehr stark in ihrer Programmatik. Vor allem aber sind sie in erster Linie Aufbewahrungsanstalten für Kinder, denen viel zu wenige ErzieherInnen zur Verfügung stehen. Gruppengrößen von bis zu 25 Kindern sind die Regel, häufig erhöht sich die Gruppenstärke noch weiter, wenn im Falle von Erkrankungen des Personals die Kinder „aufgeteilt" werden müssen.

Durch das gerade erst begonnene Medienzeitalter aber hat sich das, was man unter Kindheit versteht, entscheidend verändert. Fernseher, PC, Spielkonsole und Handy veranlassen unsere Kinder dazu, sich nicht mehr ausreichend zu bewegen. Da aber Bewegung Grundlage für jegliche kindliche Entwicklung ist, kommen inzwischen 35 – 45 % eines Jahrgangs mit Teilleistungsstörungen/Verhaltensauffälligkeiten in Kindergarten und Schule, Tendenz steigend.[4]

Die Halbierung der Gruppengrößen im Verein mit der Aktualisierung der ErzieherInnenausbildung würde es möglich machen, sowohl den Bedürfnissen der Kinder als auch der ErzieherInnen gerecht zu werden. Und wer angesichts dieser Forderung die Frage nach der Bezahlbarkeit stellt, sollte daran denken, dass aktive ErzieherInnen Geld verdienen, Steuern zahlen und konsumieren. Eine solche Berechnung hat in Dänemark 1996 stattgefunden und ist zum Vorteil der gegebenen Personalschlüssel (1:5-8!) ausgegangen.

Im Übrigen ist zu wünschen, dass mehr Männer die Rolle des Erziehers wahrnehmen, denn das Kind hat ein Recht darauf, Frauen und Männer in dieser Rolle zu erleben.

Die Kooperation von Schulen und Kindergärten betreffend, hat sich in letzter Zeit etwas bewegt, doch reicht es bei Weitem nicht aus. Beide Seiten haben im Rahmen ihrer Verantwortung für die Kinder die Pflicht, wenigstens ein Jahr vor der Einschulung Kindern mit Teilleistungsstörungen/Verhaltensauffälligkeiten entsprechende Hilfen zukommen zu lassen. Dass diese Pflicht natürlich auch Auswirkungen auf die Elternarbeit an beiden Institutionen hat, sei hier nur am Rande erwähnt, ist aber nicht ganz unwesentlich für die Bildung von Kindergarten- und Schulgemeinden.[5]

3.2 Grundschule

Sie ist die am weitesten reformierte Schulform Deutschlands und es ließe sich trefflich streiten, ob dies ihren Schützlingen oder reformbereiten Lehrkräften zu verdanken ist. In ihr lernen Kinder zunehmend selbstständig in Tages- und Wochenplänen, unterstützt durch die Rhythmisierung des Unterrichts, die das Tagespensum in 2 oder 3 Blöcke aufteilt, anstatt Stunde für Stunde mit dem Pausensignal zu unterbrechen. Die Tages- bzw. Wochenpläne ermöglichen den Kindern, sich ihr Programm eigenständig zusammenzustellen, die Lehrkraft wirkt eher als Moderator und weniger als Dominator des Unterrichts. In vielen Fällen haben sich die Schulen übergeordnete Ziele gesetzt, für die stellvertretend an dieser Stelle die bewegte Schule und/oder gesunde Ernährung genannt werden sollen. So bewerben sich in Hessen z.B. überwiegend Grundschulen um das Zertifikat „Gesundheitsfördernde Schule“, das mit 3 Teilzertifikaten erreicht werden kann.[6]

Die Grundschule kennt auch den Morgen- bzw. Abschlusskreis und bietet auf diese Weise die Möglichkeit, Streitfälle und/oder

Probleme gemeinsam zu thematisieren und zu lösen. In einigen Grundschulen hat man damit begonnen, SchülerInnen als Streitschlichter auszubilden, leider aber geht dieser hervorragende Ansatz nach dem 4. Schuljahr wieder verloren, denn nur wenige Sekundarstufenschulen nutzen die durchaus vorhandenen Möglichkeiten aus.[7]

Problematisch ist vor allem die Tatsache, dass diese erfolgreiche Schulform[8] in der Regel bereits nach dem 4. Schuljahr endet und eine Empfehlung zum weiteren Werdegang erfolgen muss, die größtenteils gesetzmäßigen Charakter besitzt. Die Empfehlung ist eine erhebliche Belastung für alle Beteiligten und sorgt für großes Leid.

Die Lehrkräfte sollen unterrichten, erziehen, beraten und fördern und haben aufgrund ihrer hohen Unterrichtsverpflichtung kaum eine Chance für Erziehung, Beratung und Förderung, zumal ihnen der Stoffdruck im Nacken sitzt, der von ehrgeizigen Eltern über Vergleiche mit dem Leistungsstand von Parallelklassen zusätzlich erhöht wird.

Die Leistungsfeststellung erfolgt sehr früh durch schriftliche Klassenarbeiten, deren Ergebnisse zusätzlichen Druck aufbauen. Eltern treten in der Regel mit Schuldzuweisungen auf den Plan, dringend notwendiges Lob bleibt allseits aus.

Das Sitzen bleiben schließlich wird zur Katastrophe und stellt durchaus keine pädagogische Hilfe dar. Auf diese Weise erfahren Kinder die Schule als eine beinahe ausschließliche Lernwelt, die nichts mit Muße zu tun hat, obwohl das griechische Wort „schola“ eigentlich Muße heißt. Und dieses Erfahren trifft sicherlich auch für die Lehrkräfte und Eltern zu.[9]

Die Erziehungsberechtigten hegen beinahe ausnahmslos die Hoffnung, ihr Kind möge es einmal besser haben. In der Verfolgung dieses Ziels unternehmen sie alles, was ihnen möglich ist; Nachhilfe und Zusatzunterricht sollen das Schicksal am Ende des Grundschulweges zu einer Empfehlung für das Gymnasium zwingen. Es ist klar, dass Leistungen, die hinter den elterlichen Erwartungen zurückbleiben, mit der Unfähigkeit der Lehrkräfte begründet werden und – wer sich keine Nachhilfe leisten kann, dessen Kind bleibt in der Regel schon wenigstens einmal auf der Strecke.

Und so wird dann auf Elternabenden erregt über Leistungsstände und drohende Versagenserlebnisse diskutiert, wo doch der kleine Mensch und dessen Bedürfnisse im Mittelpunkt stehen müssten. Zusammenfassend lässt sich konstatieren, dass die positiven reformerischen Ansätze durch die viel zu früh und zu zahlreich geforderten Leistungsnachweise und deren einschneidenden Konsequenzen verhindern, dass in der Grundschule gelebt und gelernt werden kann. Weitere Probleme liegen in den zu hohen Klassenfrequenzen ebenso wie in der weiter anwachsenden Frauenquote begründet. Die diesbezügliche Feststellung für den Bereich der Kindergärten gilt auch für die Grundschule ohne jegliche Einschränkung.

3.3 Schulen zwischen den „Welten“

Es gibt zahlreiche Schulformen, die die Primar- und Sekundarstufe miteinander verbinden. Darunter sind so genannte Grund- und Förderstufenschulen sowie verbundene Grund-, Haupt- und Realschulen ebenso wie die heutzutage Förderschulen genannten ehemaligen Sonderschulen. Sicher existieren auch Grundschulen im Verbund mit Gesamtschulen bzw. Gymnasien, doch bilden solche begrüßenswerte Schulformkombinationen leider die Ausnahme.

3.3.1 Grund- und Förderstufe/Beobachtungsstufe

Sie erhebt den Anspruch, die Grundschulzeit um 2 Jahre zu verlängern, da in solchen Schulen eigentlich erst nach Abschluss des 6. Schuljahres die Empfehlung zum Besuch weiterführender Schulen gegeben wird. Dieser positive Ansatz wird jedoch in der Praxis zweifach konterkariert. Einmal verlassen zahlreiche SchülerInnen die Schule bereits nach dem 4. Schuljahr, um auf ein Gymnasium zu gehen, andererseits werden in den folgenden beiden Schuljahren wenigstens die Fächer Mathematik und 1. Fremdsprache, häufig auch schon das Fach Deutsch, in zumeist 3 Leistungskursen differenziert unterrichtet.

Dies aber bedeutet, dass ein enormer Anteil guter SchülerInnen nicht mehr vorhanden ist und die Bildung bzw. Erhaltung von gewachsenen Klassengemeinschaften gelinde gesagt erschwert ist. Denn trotz aller Bemühungen engagierter LehrerInnen werden noch immer mehr SchülerInnen in den Leistungskursen abgestuft als dass sie sich aus C-/B-Kursen nach „oben“ bewegen.

3.3.2 Grund-, Haupt-, und Realschulen sowie mit Gesamtschulen bzw. Gymnasien verbundene Grundschulen

In ihnen spielt die Lehrerausbildung eine ganz entscheidende Rolle. Sie verhindert zum weitaus größten Teil den Schulstufen übergreifenden Einsatz der Kollegien und steht damit der wünschenswerten Pädagogik aus einem Guss diametral im Wege. Hier haben zwar alle Beteiligten die Chance, voneinander zu lernen, sich personell und pädagogisch zu verzahnen und so die Idee der Gesamtschule ansatzweise zu realisieren, doch sind in der Praxis nur wenige solcher Versuche bekannt. Und wo sie sich als erfolgreich erweisen, ist es mitunter die Politik, die einen solchen Erfolg nicht wünscht – schade!

Deshalb vollzieht sich in den Gebäudekomplexen eigentlich das Gleiche wie im „normalen" System: Es gibt einen deutlichen Bruch der Pädagogik nach dem 4. Schuljahr; in der schwierigen Pubertät werden Leistungsfortschritte verlangt, deren Nichterfüllung einschneidende Konsequenzen für das in der Entwicklung befindliche Selbstbewusstsein der jungen Menschen zwischen Kind und Erwachsenem hat.

3.3.3 Förderschule

Sie wird von SchülerInnen besucht, die in den Allgemeinbildenden Schulen so große Defizite aufweisen, dass mit ihnen der Bildungsauftrag nicht erfüllbar zu sein scheint. In der Regel sind es Kinder/ Jugendliche mit Handicaps, Teilleistungsstörungen/Verhaltensauffälligkeiten, aber auch mit sprachlichen Defiziten. Deshalb erstaunt es nicht, dass Förderschulen einen hohen Anteil von SchülerInnen mit Migrationshintergrund haben.

Die Lehrkräfte dieser Schulen haben eine extrem schwierige Aufgabe, denn es ist angesichts der sehr unterschiedlich ausgeprägten Defizite schwer, allen SchülerInnen individuell gerecht zu werden. Natürlich ist auch die Motivation auf der Schülerseite ein Problem, da sie mit zunehmendem Alter begreifen, dass sie sich auf einem Abstellgleis befinden. Auch hier sind die Klassenfrequenzen eindeutig zu hoch.

Es muss die Frage erlaubt sein, weshalb es diese Schulform bereits ab dem 1. Schuljahr gibt, denn in den skandinavischen Ländern z.B. besteht erst mit Beginn des 8. Schuljahres die Möglichkeit zum Besuch besonderer Schulen (in Dänemark „efterskoler"/Nachschulen genannt). In den Jahren zuvor sind die „folkeskoler"/ Volksschulen verpflichtet, jedes Kind entsprechend dessen Möglichkeiten zu unterrichten, das Sitzen bleiben ist unbekannt.[10]

3.4 Die Sekundarstufenschulen I

3.4.1 Hauptschule

Sie ist das Auffangbecken für alle SchülerInnen mit zuvor nur ausreichenden oder gar unzureichenden Leistungen. Ihnen wird die Nähe zur praktischen Arbeit unterstellt, ihre berufliche Zukunft im Handwerk gesehen. Aufgeschreckt durch die hohe Zahl von Abgängern ohne Abschluss sind derzeit zahlreiche Bemühungen zu beobachten, den HauptschülerInnen den Kontakt zum Handwerk frühzeitig zu ermöglichen. Die bisher erreichten Erfolge können jedoch den Abstand zu anderen Nationen nicht entscheidend verringern. Das Erreichte relativiert sich sehr schnell, zieht man die entsprechenden dänischen Daten heran. Dort liegt der Prozentsatz von SchülerInnen ohne Abschluss bei ca. 3 %.

Es gehört inzwischen schon zum Hauptschulstandard, dass sie überwiegend von SchülerInnen mit Migrationshintergrund besucht wird. Dies deutet darauf hin, dass vorhandene Sprachprobleme den Besuch von Realschulen oder Gymnasien verhindert haben, nicht aber der Intelligenzquotient. Nun mag man sagen, diese Entwicklung sei Schuld der Eltern. Dass es anders und besser geht, zeigen Beispiele in Deutschland wie in anderen Ländern. Erste Ansätze zu einer Verbesserung des Notstands sind vorhanden, doch bleibt die Tatsache, dass man viel zu lange tatenlos zugesehen hat. Das SOS-Signal der Berliner Rütli-Schule war für diese Entwicklung absolut notwendig.

Das zentrale Problem der Hauptschulen liegt in der Motivation vor allem auf der Schülerseite begründet. HauptschülerInnen wird in der Pubertät zunehmend klarer, dass sie für ein zukünftiges Leben nach ihren Vorbildern und Vorstellungen nicht infrage kommen. Andererseits aber möchten auch sie wertvoll sein. Die Folgen sind bekannt und werden endlich auch ansatzweise öffentlich diskutiert.[11]

Es gibt Lehrkräfte, die das erkennen und sich darauf einstellen. Ihnen gelingt es, ihre Schützlinge wieder für Schule zu motivieren. Entsprechende Erfolge stellen sich ein.[12] Daraus jedoch abzuleiten, dass es nur darauf ankomme, die SchülerInnen „zu packen“, geht an den grundsätzlichen Problemen vorbei und negiert das Gros der Hauptschulen.

Politiker haben sich nun mit dem Vorschlag einer „Gemeinschaftsschule“ geoutet und verstehen darunter die Integration von Haupt- und Realschulen. Es entsteht der Eindruck, dass solche Vorschläge zum einen wegen der rückgängigen Schülerzahlen von Hauptschulen gemacht werden, zum anderen aber auch, um das Gymnasium draußen vor zu halten. Die so verstandene Gemeinschaftsschule geht weit an den Notwendigkeiten einer wirklichen und tief greifenden Schulreform vorbei.

Gerade hat Rheinland-Pfalz beschlossen, die Hauptschule in die Realschule zu integrieren, ihr neuer Name soll die „Realschule plus“ sein. Dieselben Signale in die Richtung einer „Gemeinschaftsschule“ sind aus Schleswig-Holstein zu vernehmen. Wenn dies der Anfang des Weges auf die Eingliedrigkeit der dortigen Schulsysteme ist, so kann es ein richtiger Weg sein, doch ist eher deutliche Skepsis angebracht.

3.4.2 Realschule

Sie bewegt sich zwischen der Hauptschule und dem Gymnasium. Ihre SchülerInnen haben die Möglichkeit, mit sehr guten und guten Leistungen die Gymnasiale Oberstufe, mit ausreichenden und mangelhaften Leistungen jedoch die Hauptschule zu erreichen. Ursprünglich unterstellte man den Realschülern die Eignung für Handel, Banken, Versicherungen, aber auch für technische Berufe und begründete damit spezifische Bildungspläne. Diese Erwartung ist aber inzwischen von der Praxis überholt worden.

Die Anforderungen der Arbeitgeber haben sich so erhöht, dass heute der Realschulabschluss den Zugang zu solchen Berufsfeldern öffnet, die ehemals qualifizierten Hautschulabsolventen vorbehalten waren. Andererseits geht eine wachsende Zahl von Realschul-Abgängern auf die Gymnasiale Oberstufe. Allein diese Entwicklung macht die Rückkehr zu realschulbezogenen Bildungsplänen fragwürdig.

Die Probleme der Realschule liegen in sehr hohen Klassenfrequenzen und in der Heterogenität der Schülervoraussetzungen, denen sich zahlreiche Lehrkräfte nicht anpassen können oder wollen. Und da ja noch die Hauptschule vorhanden ist, bleiben auch solche SchülerInnen sitzen und müssen gar die Realschule verlassen, deren Potential wenigstens dem der Realschule entspricht.

3.4.3 Gymnasium

Das Gymnasium nimmt in der Sekundarstufe I den gesellschaftlich höchsten Rang ein. Den Gymnasiasten wird unterstellt, sie seien später in der Lage zu studieren und gehörten zur geistigen Elite der Nation. Spezifische Bildungspläne sollen diese Entwicklung unterstützen.

Und tatsächlich meinen Erziehungsberechtigte, wenn sie davon sprechen, dass ihr Nachwuchs „es einmal besser haben soll“ den Besuch des Gymnasiums, um diesen dann mit allen zur Verfügung stehenden Mitteln abzusichern; häufig wird damit bereits während der Grundschulzeit begonnen.

Tatsächlich aber erreichen lediglich ca. 50 % der Anfänger in der Klasse 5 das Abitur. Die andere Hälfte geht früher ab, wechselt in die Realschule oder landet gar in der Hauptschule. Einige erwerben später auf Abendschulen oder im Fernstudium das Abitur, was nicht darüber hinwegtäuschen kann, dass die von den Politikern oft zitierte Durchlässigkeit tendenziell eher eine Durchlässigkeit nach unten denn nach oben ist.

Ein weiteres wesentliches Problem des Gymnasiums liegt darin, dass seine Lehrkräfte eigentlich für den Einsatz in den Klassen 11-12/13 ausgebildet werden, um nach dem Studium in den Klassen 5-10 zu unterrichten. Von pädagogischen Naturtalenten abgesehen, fehlt es an der notwendigen Pädagogik, Didaktik und Methodik für Kinder und Jugendliche im Alter von 11-16 Jahren. Dieser Mangel wird verstärkt durch Klassenfrequenzen, die bei 30 oder noch höher liegen![13]

Die Folge ist eine gnadenlose Auslese, neuerdings - und völlig an der Sache vorbeigehend - mit Konsequenzen aus der PISA-Studie begründet, abgesichert mit immer wiederkehrenden Vergleichsarbeiten und in den Medien veröffentlichten Schul-Rankings.

Auf der Seite aller vom Versagen bedrohten Beteiligten entsteht ein immenser Druck, kommt es zu gegenseitigen Schuldzuweisungen und nicht selten zu gerichtlichen Klagen. Am meisten aber sind es die Kinder und Jugendlichen, die diesem Druck in einer Zeit ausgesetzt werden, in der sie auf der Suche nach ihrer eigenen

Identität sind und deshalb Verständnis und Zeit zur Reife brauchen.

Wer glaubt, durch die Erhöhung der Ansprüche diesen Druck noch erhöhen zu müssen, um in der PISA-Studie weiter nach oben zu rücken, hat nicht verstanden, worum es wirklich geht: An die Stelle der Selektion muss das Prinzip des Förderns und Forderns treten![14]

Schließlich sei an die Adresse der vom Gymnasium überzeugten Politiker die Frage erlaubt, wie sie sich einer Institution gegenüber verhalten, die weniger als 50 % Erfolgsquote zu verzeichnen hat. Da man die Schule seit einigen Jahren unter ökonomischen Aspekten sieht, sollte man meinen, der „Betrieb Gymnasium" müsse mit seiner Sekundarstufe I längst Konkurs angemeldet haben.

Quelle: Willi Witzig, Wetzlarer Neue Zeitung

3.4.4 Gesamtschule

Sie existiert häufiger in der kooperativen denn in der integrierten Form, ohne sich jedoch – bis auf wenige und erfolgreiche Ausnahmen – stark voneinander zu unterscheiden. Bei kooperativer Organisation bestehen so genannte Hauptschul-, Realschul- und Gymnasialzweige nebeneinander, doch sind sie in einem Gebäudekomplex untergebracht. Bei integrierter Organisation gibt es zwar keine Schulformzweige, doch werden häufig ab der Klasse 8 so genannte „Abschlussbezogene Klassen" gebildet. Diese Klassen sind das Resultat einer immer weiter um sich greifenden Leistungsdifferenzierung, die im 5./6. Schuljahr beginnt und progressiv immer mehr Fächer erfasst, was bei den o.a. erfolgreichen Ausnahmen so nicht der Fall ist.

Dort, wo es reine Gymnasien im Umfeld gibt, werden die Gesamtschulen in der Regel von solchen SchülerInnen besucht, die zum Ende des 4. Schuljahres keine Gymnasialempfehlung erhalten haben. Sehr oft sind sie das Auffangbecken für Kinder und Jugendliche mit Migrationshintergrund und für deutsche Schüler aus den unteren gesellschaftlichen Schichten. Unter diesem Gesichtspunkt ist lobend hervorzuheben, dass ca. ein Drittel dieser SchülerInnen dennoch die Gesamtschulen nach dem 10. Schuljahr in Richtung der Gymnasialen Oberstufe verlassen.

Die Leistungsdifferenzierung – am häufigsten auf 3 Ebenen – sorgt dafür, dass nur in wenigen Fällen von einem gut funktionierenden Klassenverband die Rede sein kann. Obendrein sind die Schülerzahlen der Gesamtschulen so hoch, dass nur schwer eine emotionale Identifikation mit der Schule zustande kommt. Diese ist jedoch über dem Schnitt im Vergleich zur Identifikation mit dem Gymnasium.[15]

Die in den Gesamtschulen tätigen Lehrkräfte unterscheiden sich durch ihre Ausbildung. Meist stehen ca. einem Drittel Gymnasiallehrer 2 Drittel Hauptschul- und/bzw. Realschullehrer gegenüber. Unterrichten die Gymnasiallehrkräfte in den kooperativen Gesamtschulen überwiegend in den Gymnasialzweigen, so werden sie in den integrierten Systemen vorzugsweise in den obersten Leistungskursen eingesetzt.

Die Einführung der Leistungsdifferenzierung ist überwiegend damit begründet worden, dass man keine Lehrkräfte habe, die durch ihre Ausbildung in der Lage wären, heterogen zusammengesetzte Lerngruppen zu unterrichten. Die richtige Antwort auf solche Probleme wäre die regionale oder besser schulbezogene Fortbildung gewesen. Stattdessen hat man die Gesamtschulidee verraten und sieht sich zu Recht Leistungsvergleichen mit den Gymnasien ausgesetzt, die überwiegend zugunsten des altehrwürdigen Gymnasiums ausgehen, was wiederum vor allem von konservativen Bildungspolitikern weidlich ausgeschlachtet wird.

Vor allem in den kooperativen Gesamtschulen zeigt sich, dass die Zusammenführung leistungsschwacher Schüler in den Hauptschulzweigen schon ab der 5. Klasse große Motivationsprobleme mit sich bringt. Das Ergebnis sind enorme Disziplinschwierigkeiten, sodass der Unterricht in den Hauptschulzweigen oft als Bestrafung empfunden wird.

Dennoch sei an dieser Stelle aus einem Vergleich zwischen Gymnasium und Gesamtschule zitiert, zeigt das Zitat nämlich, dass SchülerInnen das soziale Miteinander in den heterogen zusammengesetzten Gesamtschulen bevorzugen. „Stärker zeigte sich die Überlegenheit der Integrierten Gesamtschule im affektiven Bereich: Wenn eine Untersuchung ein statistisch signifikantes Ergebnis in einer affektiven Variablen aufwies, dann fiel dieses Ergebnis fast immer zugunsten der integrierten Gesamtschule aus. Insbesondere bei der Einstellung der Schüler zur Schule, zu ihren Mitschülern und zu ihren Lehrern war das integrierte SS dem traditionellen überlegen…“[16]

3.5 Die Sekundarstufenschulen II

Im Wesentlichen bestehen die Sekundarstufenschulen II aus den gymnasialen Oberstufen und den vielfältigen berufsbildenden Schulen.

Die Gymnasiale Oberstufe hat ihren Charakter in den letzten Jahren ab der Klasse 11 geändert; sie ist mit ihrem Kurssystem eine Vorstufe späterer universitärer Bildung. Es muss abgewartet werden, welche Auswirkungen die Verkürzung der Schulzeit auf 12 statt 13 Jahre auf die Gymnasialen Oberstufen (im Folgenden GO abgekürzt) haben wird. Generell jedoch ist die Abhängigkeit der GO von der vorhandenen Schülerzahl ein Problem. An GO'en mit nur wenigen SchülerInnen ist das Kursangebot stark eingeschränkt. Insofern empfiehlt es sich, GO'en an kleineren Gymnasien/Gesamtschulen mit GO aufzulösen und an ihrer Stelle GO'en so auszulegen, dass ein vielfältiges Kursangebot gemacht werden kann.

Die Tatsache, dass die Bundesrepublik im Vergleich mit 25 Industrienationen nur den 24. Rang belegt, was die Zahl der Studierenden betrifft, kann nicht der GO alleine angelastet werden. Sie ist von ihrem Unterbau abhängig. Dort werden die meisten Fehler gemacht.

Diese Aussage trifft auch auf die Berufsbildenden Schulen zu, deren Vielfalt und Durchlässigkeit in den zurückliegenden Jahren deutlich verbessert worden ist. Die Spannbreite der Beruflichen Bildung ist enorm und stellt höchste Ansprüche an die dort Unterrichtenden. Während in speziellen Klassen Jugendliche an den Hauptschulabschluss bzw. handwerkliche Berufe herangeführt werden sollen, werden andere SchülerInnen an mittlere Abschlüsse, an das Fachabitur und an das Allgemeinbildende Abitur herangeführt.[17]

Angesichts der rückgängigen Zahl der Lehrstellen steht auch das von der Bundesrepublik so hoch gelobte Duale Prinzip auf dem Prüfstand. Würden die Berufsbildenden Schulen stärker nach dem Prinzip der aus Skandinavien bekannten Produktionsschulen arbeiten, könnte das Duale Prinzip aufgegeben und durch eine staatliche Ausbildung ersetzt werden. Eine solche Lösung ersparte der Politik die Bittgänge bei Industrie- und Handelskammern einschließlich immer wiederkehrender Steuergeschenke.

3.6 Privatschulen

In Dänemark existieren Privatschulen in friedlicher Koexistenz mit den öffentlichen Schulen in kommunaler Trägerschaft. Sie werden vom Staat finanziell über Zuwendungen unterhalten und erheben in der Regel ein zusätzliches Schulgeld von den Erziehungsberechtigten. Sie unterliegen im Übrigen denselben staatlichen Bestimmungen wie die öffentlichen Schulen. In den meisten Fällen bezieht sich ihr Schulprogramm auf dänische bzw. deutsche Schulreformer und Philosophen, so z.B. auf Petersen und Grundtvig.

So weit ist man in Deutschland noch nicht, doch steigt die Zahl der anerkannten Privatschulen in letzter Zeit beständig an. Dies ist mit an Sicherheit grenzender Wahrscheinlichkeit eine Antwort höher gestellter Schichten auf die sich verschlechternden Zustände an den öffentlichen Schulen. Die Gründe liegen ebenso in den gestiegenen Klassenfrequenzen wie in der z.T. sehr hohen Zahl von ausländischen Schülern dort. Natürlich gehen sie auch auf den Ehrgeiz von gut situierten Eltern zurück, die ihren Kindern frühzeitig Privilegien sicher wollen.

Eine andere Art von Privatschule sind jene Schulen, die von staatlicher Seite aus ins Leben gerufen wurden. Ihr oberstes Ziel ist die spezielle Förderung von Eliten. So schrieb z.B. die Hessische Kultusministerin am Ende des Schuljahres 2006/2007 offenbar von Schulen als sehr gut benannte SchülerInnen persönlich mit dem Ziel an, sie zum Besuch der Internatsschule bei Eltville am Rhein zu bewegen. Salem lässt grüßen.

4. Übergreifende Aspekte

4.1 Ausgaben pro Schüler

Hier liegt die Bundesrepublik unter dem Schnitt der OECD-Daten, denn die Ausgaben der Wirtschaft für das berufliche Bildungssystem in der Sekundarstufe II sind keine Staatsausgaben. Zahlreiche Staaten haben in der Vergangenheit sinkende Schülerzahlen zu Qualitätsverbesserungen genutzt. Die Bundesrepublik hingegen hält an Klassenfrequenzen von 30 und mehr SchülerInnen fest.[18]

4.2 Schüler-Lehrer-Relation

Hier schlagen sich die Ausgaben pro Schüler naturgemäß ebenfalls nieder. Sowohl im Primar- als auch in beiden Sekundarbereichen bewegt sich Deutschland deutlich über dem OECD-Schnitt.[19]

4.3 Lehrergehälter

Bei der Bezahlung der Lehrkräfte scheint dies nicht der Fall zu sein. Die Einstiegs- und Grundgehälter liegen über dem Schnitt der OECD-Daten. Allerdings relativiert sich dies in den weiteren Dienstjahren hinsichtlich der Aufstiegsmöglichkeiten.[20]

4.4 Klassenfrequenzen

Die Klassenfrequenz war in den 60er Jahren und danach wichtiger Bestandteil der politischen Diskussionen innerhalb der Bundesrepublik. Während der Autor noch 1953 mit 65 Mitschülern die damalige Sexta eines Darmstädter Gymnasiums besuchte, gab es zumindest in Hessen rund 25 Jahre später das erklärte Bestreben, keine Klasse mit mehr als 25 SchülerInnen bilden zu lassen. Dieses Ziel wurde dann auch – allerdings nur für sehr wenige Jahre – erreicht. Heute bewegt man sich wieder bei 30 plus 10 %. Die Staatlichen Schulämter achten auf Anweisung ihrer Ministerien strikt auf das Einhalten der zusätzlichen Prozentklausel.

Aufgrund der einschneidenden Veränderungen in der Lebenswelt der Kinder und Jugendlichen sollte es eigentlich nur konsequent sein, dass man erneut die Senkung der Klassenfrequenzen zum Ziel hat. Jedes Kind und jeder Jugendliche beansprucht heutzutage wesentlich mehr Aufmerksamkeit und Betonung seiner Individualität. Das aber bedeutet, dass in Klassen mit mehr als 20 SchülerInnen diesem Anspruch nicht Folge geleistet werden kann.

In Klassen, die 30 und mehr Schüler haben, ist es unmöglich, den mündlichen Anteil am Unterricht so zu gestalten, dass dessen Ziele erreicht werden. Wenn aber dringend notwendige mündliche Leistungen nicht eingebracht werden können, bleiben auch eminent wichtige Voraussetzungen für das spätere Leben außen vor. Was ist mit den SchülerInnen, die im Mündlichen ihre Stärke haben?

Wir sollten deshalb nicht auf den demografischen Abschwung warten, sondern jetzt damit beginnen, das humane Argument dem finanziellen Diktat vorzuziehen, damit unsere Jugend optimale Lern- und damit auch Lebensverhältnisse vorfindet.

„Was bei einer Sichtung aktueller Forschung zur IP (=Instruktionspsychologie, Anmerkung des Verfassers) auffällt, ist die vornehmlich kognitive Perspektive, wobei Fragen zu Motivation … und Emotion in Unterricht und Ausbildung in klassischen Untersuchungen eine eher untergeordnete Rolle spielen.“[21] Die kognitive Perspektive aber verlangt nicht nur schriftliche Arbeiten und Tests, sondern auch die verbale Arbeit aller. Auch solche SchülerInnen, deren Stärke in der mündlichen Mitarbeit liegt, haben eine faire Chance verdient.

4.5 Unterrichtsverpflichtung

Unberücksichtigt aber bleiben die Unterrichtsverpflichtungen. Sie sind bei uns ein zentrales Problem. So hat in Hessen z.B. eine Lehrkraft in der Primarstufe bis zu 30 Wochenstunden Unterrichtsverpflichtung. Dass angesichts von 6 Wochenstunden an 5 Tagen - unberücksichtigt bleiben die Pausenaufsicht, Kollegen- bzw. Elterngespräche, Telefonate und Konferenzen - lediglich die Aufgabe des Unterrichtens wahrgenommen werden kann, während das Erziehen, Beraten und Fördern auf der Strecke bleiben, liegt auf der Hand.

4.6 Chancengleichheit

Die Chancengleichheit in der Bundesrepublik hat ein vernichtendes Zeugnis bekommen, Tendenz wachsend. In keiner am PISA-Vergleich beteiligten Nation sind Bildungschancen so abhängig von der Schichtzugehörigkeit der Eltern wie bei uns. Dies ist auch schon bei den Opfern solcher Bildungspolitik angekommen. Eine entsprechende Studie zeigt, dass mehr als 80 % der Kinder und Jugendlichen, deren Eltern der Unterschicht angehören, sich abgehängt von mittleren oder gar höheren Schulabschlüssen sehen! Die Einführung von Studiengebühren ist sicherlich kein geeignetes Mittel, diesen Missstand zu beseitigen.

„Die Bildungsbeteiligung von Kindern aus Mittel- und Oberschicht … blieb – davon unabhängig – auf hohem Niveau nahezu konstant (Köhler 1992). Von einer Auflösung der ‚sozialen Vererbung' von Bildungsgütern wird man wohl kaum sprechen können, zumal sich die schichtenspezifischen Unterschiede umso klarer zeigen, je weiter im Bildungsverlauf Vergleiche angestellt werden (Gymnasialbeteiligung – Abiturientenanteil – Aufnahme eines Studiums – Studienabschluss)."[22]

Quelle: Willi Witzig, Wetzlarer Neue Zeitung

Es ist abzuwarten, wie sich die nach der 3. PISA-Studie eröffnete Diskussion weiter entwickelt; dennoch scheint es so, als gerate die Chancengleichheit stärker in den Fokus:

Standpunkt[23]
<u>Gastkommentar</u>
Bildung schafft Gerechtigkeit
Von Renate Künast
Vorsitzende der Bundestagsfraktion von Bündnis 90/Die Grünen
(0 64 41) 95 95 95
redaktion.wnz@mittelhessen.de

Immer mehr Kinder in Deutschland sind von Armut und ihren Begleiterscheinungen betroffen. Das bedeutet für die Kinder nicht nur, dass ihre Eltern wenig Geld zur Verfügung haben. Es bedeutet auch, dass sie häufiger krank sind, schlechtere Bildungschancen haben und weniger an die eigenen Möglichkeiten glauben als andere Kinder.
Um diesen Kreislauf der Armut zu durchbrechen, müssen wir an vielen Stellen ansetzen. Deshalb haben Bündnis 90/Die Grünen ein Maßnahmenpaket beschlossen, das sowohl bei der Anhebung von Transferleistungen als auch

beim Ausbau der öffentlichen Infrastruktur ansetzt. Wir wollen die Regelsätze für Kinder im Arbeitslosengeld 2-Bezug erhöhen.
Alle Wohlfahrtsverbände sind sich einig: Von 345 Euro im Monat kann niemand leben. Erwachsene brauchen 420 Euro, 300 Euro die Kinder. Aber mit Geld alleine ist es nicht getan: Die Kinder brauchen ein besseres Bildungssystem. Sie brauchen individuelle Förderung, ein gesundes Mittagessen und viele Angebote für Sport und Bewegung.
Für manches Kind ist ein solches Angebot vielleicht die einzige Chance. Die aktuelle IGLU-Bildungsstudie zeigt, dass die Leseleistung von Grundschülern besser geworden ist. Aber die soziale Ungerechtigkeit an deutschen Schulen wird immer größer.Herkunft bestimmt weiter die Bildungschancen. Damit muss Schluss sein.
Über den Nachholbedarf Deutschlands in diesem Bereich ist viel gesagt worden, aber viel zu wenig davon hat bisher den Weg in die Praxis gefunden. Als erstes brauchen wir jetzt: Ganztagesangebote, die von pädagogischen Fachkräften durchgeführt werden, gesundes Mittagessen und kostenlose Schulbücher.
Wenn Deutschland international den Anschluss schaffen soll, brauchen wir eine gemeinsame Anstrengung aller staatlichen Ebenen. In den Kommunen für eine qualitativ hochwertige Kinderbetreuung, in den Ländern für bessere Schulen und im Bund für sofortige Finanzhilfen.
Wenn es die CDU-regierten Länder wirklich ernst meinen mit der Priorität der Bildung, muss sich das auch in konkreten Zahlen niederschlagen: 15 Milliarden für bessere Schulen, 14 Milliarden für den Ausbau der Kinderbetreuung und 2 Milliarden für die Jugendhilfe – das ist das Minimum, wenn wir ein modernes Bildungssystem wollen, was allen Kindern Chancen eröffnet.

Ohne Bildung keine Zukunft: Das gilt für die Kinder, es gilt aber auch für das ganze Land.

4.7 Eliteförderung

Die Eliteförderung im Bereich der Schule wie auch bei den Universitäten ist sicher notwendig, um den Anschluss an andere OECD-Nationen nicht noch weiter zu verlieren. Dennoch muss nachgefragt werden, welche Kinder und Jugendlichen an dieser Förderung beteiligt sind. Es liegt der begründete Verdacht nahe, dass es erneut solche aus der Oberschicht sind, da z.B. der Besuch von Privatschulen mit Ausgaben verbunden ist, die ein Angehöriger der Unterschicht nicht aufzubringen vermag. Insofern muss sehr gut überlegt werden, ob die Ausgaben für die Eliteförderung Weniger die Förderung Vieler behindern oder gar unmöglich machen dürfen bzw. sollen.

4.8 Universität

Sie nimmt von der sich verändernden Kindheit und Jugend nur wenig Kenntnis, die Studiengänge für die unterschiedlichen Lehrämter bereiten tendenziell viel zu wenig auf die Praxis vor. So hören LehramtsstudentInnen z.B. nur wenig oder gar nichts von den Grundlagen für Verhaltensauffälligkeiten/Teilleistungsstörungen, obwohl inzwischen bis zu 50 % der Grundschüler ihre Schullaufbahn mit solchen Problemen beginnen. „In einer Langzeitstudie haben sich Lehrer selbst ein schlechtes Zeugnis ausgestellt: 25 Prozent der Studienanfänger empfanden ihre Fächerwahl als Notlösung. 27 Prozent gaben sich nach sechs Semestern schlechte Noten für persönliche Eignung, Engagement, Motivation und Fachwissen."[24] Solche Aussagen treffen im Übrigen wahrscheinlich in gleichem Maße auf die Ausbildung von ErzieherInnen zu. Der immer häufiger auftretende „Praxisschock" spricht für eine solche Einschätzung.

4.9 Verkürzung der Schulzeit

Die Verkürzung der Schulzeit bis zum Abitur ist ein weiteres Beispiel für die Rolle der Kindheit und Jugend in den Augen der Politik und der Bildungspolitiker. Die Reduzierung der Schulzeit auf 12 statt 13 Jahre ist richtig, die Ausführung dagegen absolut falsch.

Derzeit haben Kinder und Jugendliche bis zu 9 Stunden an einem Schultag. Und dies überwiegend in Schulen, die nicht auf einen Ganztagesbetrieb ausgelegt sind! Dass im Übrigen selbst den o.a. 9 Stunden Unterricht auch noch immense Hausaufgaben entspringen, vervollständigt das negative Bild! So macht man Kinder und Jugendliche zu gestressten Mitgliedern der erwachsenen Leistungsgesellschaft, anstatt ihnen die altersgemäße Entwicklung zu ermöglichen.

Auch der Vorschlag der hessischen SPD-Vorsitzenden Andrea Ypsilanti, künftig den Gymnasiasten die Wahl zu lassen, ob sie in 12 oder 13 Jahren zum Abitur gelangen wollen, geht an der Sache vorbei.[25] Was in anderen Nationen erfolgreich und ohne den bei uns ausgeübten Druck möglich ist, das sollten auch wir übernehmen.

Hier wurde nämlich eine essentielle Chance verpasst. Richtig gewesen wäre die Überarbeitung der Stoff- oder Bildungspläneplläne und deren Entrümpelung auf Lerninhalte, die mit der Gegenwart und der Zukunft der jungen Menschen übereinstimmen. An die Stelle des einen oder anderen „Klassikers" hätten Projekte treten können, die das Lernen vom Lernen ermöglichen. Kurz gesagt: Weniger wäre mehr gewesen!

Die Hessische Kultusministerin Karin Wolff hat auf die Problematik reagiert und angekündigt, dass in 2008 entsprechende Verbesserungen vorgenommen würden. Indirekt allerdings bürdet sie den Schulen eine Verantwortung für Zustände auf, die von ihr selbst veranlasst worden sind. Einmal mehr eine Reaktion, die belegt, wie hektisch man bei uns reagiert. Sogar die Presse ist inzwischen kritischer geworden:

Standpunkt[26]
Gymnasiale Schulzeit
Wolff lenkt von ihren Fehlern ab
Von Klaus P. Andrießen
(06441) 95 9184
k.andriessen@mittelhessen.de

Kurz vor der Landtagswahl will Kultusministerin Karin Wolff (CDU) den großen Zorn hessischer Eltern auf die Schulreform mildern und sich selbst aus der Schusslinie bringen. Überall im Lande klagen Schüler, Eltern und Lehrer, dass mit dem Turbo-Abitur –also der Verkürzung der Gymnasialzeit von neun auf acht Jahre – die Belastung in den Klassen 5 bis 7 viel zu hoch geworden ist.
Doch anstatt zuzugeben, dass die Reform in Hessen schlecht gemacht worden ist, schiebt die Ministerin die Schuld den Schulen zu. Sie schreibt ihnen vor, den Pflichtunterricht in der Mittelstufe – also in den Klassen 5 bis 7 – am Nachmittag zu begrenzen, am Vormittag vermehrt Doppelstunden anzubieten und für eine regelmäßige Verteilung der Hausaufgaben über die Woche zu sorgen.
Bei diesem Vorgehen Wolffs wird schlagartig klar, was die Landesregierung sich unter der lautstark verkündeten Eigenverantwortung der Schulen vorstellt. Die Schulen sollen die Vorgaben aus Wiesbaden reibungslos umsetzen. Basta.

Kaum ein Wort verliert Ministerin Wolff darüber, dass eine Schulzeitverkürzung einen entrümpelten Lehrplan verlangt. Denn wenn die Inhalte nicht angepasst werden, dann wird bloß das alte Lernpensum schneller in die Köpfe gepaukt.

Glaubt man dem Ministerium, dann ist genau dies vor der Einführung des Turboabiturs geschehen. Doch der Protest der Eltern und der Besänftigungsversuch der Landesregierung sprechen eine andere Sprache. Es ist nicht gelungen, die Auswirkungen der Schulzeitverkürzung gleichmäßig auf die Schuljahre zu verteilen. Stattdessen türmen sich die Anforderungen vor den Zehn- bis Dreizehnjährigen in der Mittelstufe.

Die Probleme waren der Ministerin schon vor der Reform genannt worden. Doch so schnell wie möglich hatte sie dieses große bildungspolitische Ziel der Union verwirklicht, - ohne Rücksicht auf Verluste. Die Zeche haben die Schüler bezahlt.

Nach den neuen Vorgaben des Schulministeriums wird sich nicht viel verbessern. Denn die Lerninhalte bleiben wie sie waren, ebenso die von den Schülern zu leistenden Stundenzahlen. Nur dass sie jetzt mehr davon vormittags und weniger nachmittags absolvieren müssen.

4.10 Schulgemeinde

Ist in Skandinavien Schule ohne die Erziehungsberechtigten nicht denkbar, spricht man im englischsprachigen Raum von „School Community", so befindet sich die Bewegung deutscher Schulen in Richtung Schulgemeinde allenfalls am Anfang.

Nimmt man eine Schule mit 500 Schülern, so hat sie in der Regel um die 30 Lehrkräfte, eine Schulleitung mit ca. 3 Mitgliedern, Schulpersonal, aber auch in etwa – und vor allem - 1000 Erziehungsberechtigte. Ohne die Funktion der Elternbeiräte und der Schulkonferenz in Zweifel zu ziehen, so steht die Mitbestimmungsfunktion der Eltern in keiner Relation zu der Tatsache, dass sie die weitaus meisten Mitglieder einer Schule darstellen. Ihre Unterstützung ist in der Regel bei Schulveranstaltungen und in Fördervereinen erwünscht, ansonsten bleiben sie normalerweise außen vor bzw. treten nur bei Elternsprechtagen und Konflikten auf den Plan.

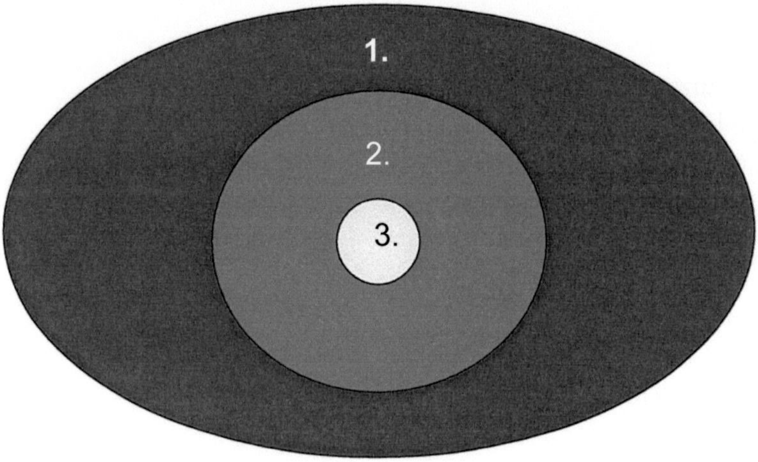

Abbildung 1: Größenverhältnisse einer Schulgemeinde, wie oben beschrieben, 1. Erziehungsberechtigte, 2. Schüler, 3. Kollegium, Schulleitung, Personal

Dies muss sich im Interesse aller Beteiligter ändern. Schulen sollten sich als Schulgemeinden verstehen, in denen alle Gemeindemitglieder auf gleicher Augenhöhe zum Wohl der Kinder und Jugendlichen zusammenarbeiten. Die wichtigsten Aspekte seien an dieser Stelle mit der Schlüsselstellung von Information, Kommunikation und gelebter Demokratie lediglich angedeutet.[27]

4.11 Föderalismus

An dieser Stelle muss auch darüber nachgedacht werden, ob unser föderativer Aufbau des Bildungssystems noch zeitgemäß ist. Aus der absolut nachvollziehbaren Erfahrung der Gleichschaltung im Dritten Reich war es absolut verständlich und richtig, die Bildungshoheit den Teilstaaten der Bundesrepublik zu geben. Diese Republik hat sich jedoch im Laufe der Zeit gewaltig verändert: O tempora mutantur, et nos in illis!

Spätestens seit der Globalisierung ist nicht mehr nur bei Angehörigen der Bundeswehr Mobilität Trumpf. Und diese Mobilität geht inzwischen weit über die Grenzen unserer Republik hinaus. Die logische Folge wäre die Übertragung der Bildungshoheit auf den Bund, unterstützt von Bildungskommissionen der Länder. In einem solchen System wären dann endlich auch transparente Vergleichsarbeiten sowie zentrale Abschlussprüfungen gewährleistet.

4.12 Schulsozialarbeit

Sie füllt derzeit viele Zeitungsspalten. Schulträger und Bundesländer streiten über die Notwendigkeit von Sozialarbeit an Schulen. Da wird vorgerechnet, welche Kosten entstehen und diskutiert, wer für die Kosten aufzukommen habe. Häufig sind dann Mischfinanzierungen von Landkreisen sowie Städten bzw. Gemeinden das Ergebnis, ebenso häufig aber auch Halbierungen von Stellen, die bewirken, dass SozialarbeiterInnen wesentliche Teile ihrer Arbeitszeit damit verbringen, von einem Einsatzort zum anderen zu fahren.

Obwohl sich die Schulsozialarbeit in vielen Fällen als positiv herausgestellt hat, muss die Frage erlaubt sein, ob der Einsatz von SozialarbeiterInnen in Schulen nicht zugleich eine Kapitulation auf der Seite der Lehrkräfte bedeutet. Hätten diese nämlich an der Stelle von bis zu 30 Unterrichtsstunden nur um 20 Stunden Unterricht zu leisten, dann wäre die so wichtige Zeit vorhanden, sich beratend, erziehend und fördernd um die Schüler zu kümmern. Wer nun behauptet, das sei nicht zu bezahlen, die Lehrer verdienten ohnehin zu viel Geld, der sei auf die positiven Arbeitszeitmodelle skandinavischer Lehrkräfte ebenso hingewiesen wie auf das Ergebnis der Lehrergehälter Deutschlands, ermittelt auf der Basis aller OECD-Länder.[28]

4.13 Schulpsychologie

„Das Arbeitsfeld des Schulpsychologen ist primär die Schule mit ihren verschiedenen Schulformen. Zur Schule gehören die Schüler, Lehrer, Schulleitungen, Eltern, Schulbehörden, Lehrpläne, Schulbestimmungen, pädagogische Serviceeinrichtungen (z.B. Fortbildungsinstitute) – eingebettet in einen gesellschaftlichen und wirtschaftlichen Kontext. Diese vieldimensionale Struktur des Berufsfeldes birgt eine Fülle unterschiedlicher, sich gegenseitig widersprechender Erwartungen, Kräfte, Ziel und Wertvorstellungen (Heyse, 1985).“[29]

Die Schulpsychologie ist angesichts der Überbetonung des o.a. wirtschaftlichen Kontextes längst am Scheideweg angelangt, ihre Effizienz tendiert nach Null. In der Regel sind SchulpsychologInnen als Einzelkämpfer ausgebildet worden, was auf die Vergangenheit zurückgeht, in der scheinbar nur wenige SchülerInnen psychologischer Hilfe bedurften.

Die Gegenwart jedoch sieht anders aus: Zum einen kommen immer mehr verhaltensauffällige/teilleistungsgestörte Kinder in die Schule, zum anderen haben die Kultusministerien bzw. Finanzministerien dafür gesorgt, dass Schulpsychologen für immer mehr Schüler zuständig sind. Die Zahl bewegt sich zwischen wenigstens 800 und 1600 – 2000 jungen Menschen, für die eine einzige Person zur Verfügung gestellt wird. Auf diese Weise hat sich die Schulpsychologie zu einer „Notfallagentur“ entwickelt und längst das Feld der Prävention geräumt. Darüber können auch die wenigen SchulpsychologInnen nicht hinwegtäuschen, die sich um systemische Beratung bemühen.

Im Übrigen muss infrage gestellt werden, ob der bisher eingeschlagene Weg sinnvoll und vor allem effektiv war bzw. ist. Schulpsychologen sollten auf eine mehrjährige Praxis als Lehrer zurückgreifen können, ehe sie als Psychologen für die Schulen wirksam werden. Ihre Ratschläge werden häufig von Lehrkräften als nicht durchführbar bezeichnet und deshalb auch unterlassen, was hier nicht weiter verfolgt werden soll. Tatsache ist, dass auch aus diesem Grund die Wirksamkeit der Schulpsychologie nicht ihren eigenen Ansprüchen gerecht wird.

4.14 Staatliche Schulaufsicht

Diese Mittelinstanz zwischen Ministerium und Schule – mitunter sind auch noch Regierungspräsidien beteiligt-versammelt hoch dotierte Aufsichtsbeamten, die zwischen Ministerium und Schule eine unnotwendige Instanz bilden und oft eher störend denn förderlich wirken und von der wirkungsvollen Beratung und Begleitung der Schulen weit entfernt sind. An ihre Stelle gehörte der bisher nur schüchtern und inkonsequent begonnene Ausbau des Weges zur schulischen Autonomie. Von den Ministerien mit Etats versehen, könnten sich so die Schulen - mit Finanzfachkräften versehen - um ihre Schulgemeinden bemühen, womit auch die Doppelbelastung der Schulleitungen beendet würde.[30]

4.15 Schulinspektion

Sie ist ein relativ neues Instrument und wohl auch nur deshalb geschaffen worden, weil die Staatliche Schulaufsicht nur unzureichend als Berater der Schulen tätig ist. In Hessen ist dem Institut für Qualitätsentwicklung die Aufgabe der Schulinspektion übertragen worden, die ersten Reaktionen auf erfolgte Inspektionen sind äußerst unterschiedlich ausgefallen; sie reichen von totaler Ablehnung bis hin zu vorsichtig positiver Einschätzung. Es scheint sehr entscheidend zu sein, welche Personen die Aufgabe wahrnehmen. Während die Schulen Beratung suchen, erhalten sie häufig unwillkommene Ratschläge bis hin zu expliziten Aufträgen.

Die Tendenz der bisherigen Inspektionen ist am besten damit gekennzeichnet, dass Fragen nach dem Klima einer Schule überhaupt keine Rolle spielen, obwohl es doch gerade das Schulklima ist, das ganz entscheidend zum Wohl der Schulgemeinde beiträgt. Es sei an dieser Stelle zugunsten der Inspekteure aber auch angemerkt, dass sich ein Schulklima nicht unbedingt mit objektiven Kriterien messen lässt. Im Übrigen liegt der Verdacht nahe, dass mit der Einführung der Schulinspektion die Überlebenszeit der Staatlichen Schulämter verkürzt werden soll. Man wird sehen.

4.16 Krippenplätze

Die Diskussion über den Auf- und Ausbau von Krippenplätzen zeigt, dass viele Funktionsträger dieser Republik ein Weltbild haben, das den Wandel der Industriegesellschaften negiert. Selbstverständlich ist es notwendig, die Gleichberechtigung von Mann und Frau auch durch den Auf- und Ausbau von Krippenplätzen zu unterstützen. Denn noch immer gilt: Niemand wird durch das Vorhandensein von Krippenplätzen gezwungen, sein Kind einer Krippe anzuvertrauen. Erst umgekehrt wird ein Schuh daraus: Sind keine Krippenplätze vorhanden, werden in erster Linie die Mütter dazu gezwungen, ihre beruflichen Karrieren zu unterbrechen. Und dies mit allen bekannten Folgen und entgegen aller Beteuerungen.[31]

Obendrein wären Kinderkrippen der ideale Unterbau für Kindergärten. In ihnen ließen sich viele soziale Fertigkeiten erlernen und erleben, ganz zu schweigen von dem Erlernen der deutschen Sprache. Bei entsprechender medizinischer und psychosozialer Begleitung könnte viel Licht in das bisherige Dunkel von Verwahrlosung und Kindesmisshandlungen gebracht werden.

4.17 Migration

Abschließend sei die Migrationsproblematik angesprochen, zumal ihr ein Großteil der Jugendlichen ohne qualifizierten Schulabschluss und ohne berufliche Perspektiven zuzuordnen ist. Viele dieser Jugendlichen haben ebenso hohe Intelligenzquotienten wie ihre deutschen MitschülerInnen oder noch höhere, doch sind es ihre unzureichenden Sprachkenntnisse, die sie am Rande der Gesellschaft stranden lassen. Also muss alles getan werden, um ihnen und ihren Eltern das Erlernen unserer Sprache zu ermöglichen. Andererseits muss es deutliche Grenzen geben für Eltern mit Migrationshintergrund, die selbst nicht Deutsch lernen wollen und/oder es ihren Kindern verbieten.[32]

Um diesen Anspruch zu realisieren, bedarf es des Auf- und Ausbaus von Krippenplätzen und Kindergärten ebenso wie der Möglichkeit für Schulen, von den Stundentafeln abzuweichen und in Stadtteilen mit hoher Migrantenquote mehr als eine Stunde Deutsch pro Tag anzubieten, ohne dass die Schulaufsicht auf der Einhaltung der Stundentafeln besteht.

4.18 Rechtschreibung

Schließlich sei es gestattet, zur **Deutschen Rechtschreibung** Stellung zu beziehen. Dankenswerterweise ist sie in letzter Zeit durch den Privatsender RTL immer wieder Gegenstand der Freude und des Leids und es wird deutlich, dass sie auch nach der letzten Reform keineswegs so eindeutig ist, wie dies vorgegeben wird. Der RTL-Fachmann gibt Erklärungen, die in vielen Fällen allenfalls von Menschen mit Altsprachenabitur mühevoll nachvollzogen werden können. Für unsere SchülerInnen – und für nicht wenige Lehrkräfte – ist sie oft ein Buch mit vielen Rätseln, für einige Lehrkräfte aber auch ein Machtinstrument, das leider häufig genug „von oben herab“ gebraucht wird.

Es ist an der Zeit, diese Rechtschreibung in Anlehnung an die englische Rechtschreibung zu revolutionieren: Eigennamen werden groß geschrieben, alles andere dagegen klein. Eine solche Lösung würde die Rechtschreibung allen Beteiligten erleichtern. Sie bedeutete keineswegs die Aufgabe deutscher Kultur und wäre ein Schritt hin auf eine gemeinsame europäische Schreibweise, vielleicht sogar mit dem Nebeneffekt, dass die deutsche Sprache von anderen Nationen wieder vermehrt angenommen wird.

5. Aller guten Dinge ist eins

Dieser Titel drückt aus, dass die Dreigliedrigkeit unseres Schulsystems in der Primar- und Sekundarstufe I von einer Schule abgelöst werden soll, die in der Regel von der 1. bis zur 9. Klasse reicht und von einer fakultativen 10. Klasse ergänzt werden kann. Diese Schule kennt keine Differenzierung nach Leistung und keine Unterscheidung zwischen Hauptschule, Realschule und Gymnasium. Ihr Name könnte in Anlehnung an die Skandinavier die „Volksschule" sein, womit auch die Diskussion über die so umstrittenen Begriffe Gesamtschule bzw. Gemeinschaftsschule entfiele.

Auf die Volksschule folgen dann die vielfältigen Schulformen der bisherigen Sekundarstufe II, in der Regel von der Klasse 10 bis zur Klasse 12. Die SchülerInnen machen demnach ihren Abschluss nach 12 Jahren Schulbesuch, solche, die freiwillig eine 10. Klasse angehängt haben, nach 13 Jahren.

Alter	Familie, Kinderkrippe, Kindergarten	Abschlüsse
0 – 6/7	Eintritt in die Volksschule	
6/7-15/17	Klasse 9 oder fakultativ Klasse10	Zentrale Abschlussprüfung
15/17-17/19	Berufsbildende Schulen, Gymnasiale Oberstufe bis Klasse 12/13	Zentrale Abschlussprüfungen einschließlich Abitur

Abbildung 2: Kindesalter, Besuch von Einrichtungen und Schulen, gegliedert nach Alter und Abschlüssen

Die Schulabschlüsse sind zentral und finden zum selben Zeitpunkt mit denselben Inhalten in den Schulen statt. Die schriftlichen Arbeiten werden von schulfremden Lehrkräften in Kooperation mit den schuleigenen KollegInnen beurteilt und zensiert, die mündlichen Prüfungen von schulfremden LehrerInnen realisiert. Die Aufgaben werden von einer entsprechenden Kommission, die den Kultusministerien beigeordnet ist, entwickelt.

Eine solche Regelung gälte analog für den Fall der alleinigen Zuständigkeit des Bundes, was an dieser Stelle erneut ausdrücklich unterstützt werden soll.

5.1 Zielsetzung Schulgemeinde

Die Volksschule ist eine Begegnungsstätte für Jung und Alt, ein lokales Kulturzentrum mit dem Ziel, ihren Schülern lebenslanges Lernen zu ermöglichen. Sie fördert explizit den Gedanken der Schulgemeinde, d.h. sie arbeitet mit den Erziehungsberechtigten auf gleicher Augenhöhe eng zusammen. Ihr Schulprogramm enthält die Werte Respekt, Toleranz, Verantwortung und Professionalität. Diese Werte werden in ihr von allen Beteiligten gelebt. In regelmäßig stattfindenden Schulveranstaltungen erhält die Schulgemeinde zusätzlich die Gelegenheit, sich als Gemeinde zu erleben und zu bestätigen.

5.2 Evaluation

Sie ist in der Volksschule Prinzip. Dies bedeutet, dass alle Mitglieder der Schulgemeinde die Möglichkeit haben, per Evaluation Ist-Zustände zu erheben und daraus gemeinsame Zielvorstellungen zu entwickeln. So treten z.B. Lehrkräfte vor ihre Klassen und machen ihre Ziele deutlich, um zu gemeinsam festgelegten Zeitpunkten zu evaluieren, ob und wie die Ziele erreicht worden sind.[33]

Im zweijährigen Rhythmus erhält das Kollegium die Möglichkeit, die Schulleitung zu evaluieren. Die Elterngremien haben das Recht, eigene Evaluationen zu entwickeln und mit dem Einverständnis des höchsten Beschlussgremiums, in der Regel die Schulkonferenz, zu realisieren. Die Ergebnisse aller Evaluationen sind offen für die an der Evaluation Beteiligten.

5.3 Stundentafel

Die Volksschule hat die Möglichkeit, von der als Rahmenplan vorgelegten ministeriellen Stundentafel abzuweichen, um sich auf diese Weise den vor Ort gegebenen Problemen zu stellen und sie zu beseitigen. Als diesbezügliches Beispiel sei eine Schule mit hohem Ausländeranteil genannt, die in den ersten Schuljahren verstärkt Deutschunterricht anbietet, um so vorhandene Sprachdefizite zu kompensieren.

Die Stundentafel der Volksschule weist als Obergrenze 35 Wochenstunden Unterricht einschließlich der Wahl- und Wahlpflichtfächer auf. Verpflichtend ist in der Ganztagsschule eine Mittagspause von mindestens 45 Minuten Dauer.

Über die Rhythmisierung des Unterrichts befinden die Jahrgangsteams bzw. Stufenteams im Einverständnis mit der Gesamt- und Schulkonferenz. Dabei ist die Verteilung der Stunden eng am Vorbild der deutschen Grundschulen orientiert, indem sie von der 45-Minuten-Regelung abweichenden Blockunterricht in Verbindung mit dem Wechsel von Spannung und Entspannung anbietet.

5.4 Ganztagsschule

Die Volksschule ist als Ganztagsschule ausgelegt und ermöglicht ihren Kindern und Jugendlichen das Leben und Lernen in der Schule, inbegriffen vielfältige Begegnungen mit älteren Menschen der Region.

Die Unterrichtsblöcke an Vor- und Nachmittag bieten vielfältige Angebote, die mit dem Wechsel von Fachunterricht und ihrer sportlich-musischen Ausrichtung geistige wie körperliche Erholung gewährleisten. In der Mittagspause von wenigstens 45 Minuten Dauer bietet sie ein preiswertes und gesundes Mittagessen an.

Die Hausaufgabenhilfe wird von Lehrkräften im Rahmen ihrer Arbeitszeit, von Senioren aus dem Umfeld der Schule sowie von SchülerInnen wahrgenommen, die sich freiwillig dazu verpflichten. Hierdurch ist gewährleistet, dass kein Schüler/keine Schülerin in der Freizeit mit Hausaufgaben belastet wird.

5.5 Vorklassen

Der Volksschule können Vorklassen zugeordnet sein. Sie arbeitet jedoch sehr intensiv mit den in ihrem Eingangsbereich liegenden Kindergärten zusammen, sodass in der Regel Vorklassen nicht notwendig werden. Die Kooperation mit den Kindergärten sorgt auch dafür, dass die zur Einschulung anstehenden Kinder ein Jahr vor deren Einschulung in einem altersgerechten Spiel beobachtet werden, um bei festgestellten Teilleistungsstörungen/Verhaltensauffälligkeiten frühzeitige Kompensation zu ermöglichen. Die Eltern solcher Kinder werden eingehend beraten, die Schule hat sich mit Kinderärzten, Logopäden, Ergotherapeuten und Neurophysiologen vernetzt.[34]

5.6 Kollegium

Das Kollegium der Volksschule setzt sich aus Lehrkräften aller bisher herkömmlichen Schulformen zusammen, einschließlich LehrerInnen mit der Ausbildung für Förderschulen. Auf diese Weise wird gewährleistet, dass alle schulpflichtigen Kinder mit Ausnahme der schwerst geistig Behinderten die Schule besuchen. Jeder Volksschule ist mindestens ein Schulpsychologe/eine Schulpsychologin zugeordnet, der/die jederzeit ansprechbar ist und engen Kontakt vor allem zu den SchülerInnen und den KollegInnen hält. Den Erziehungsberechtigten bietet er/sie Sprechstunden an.

5.7 Schulleitung

Die Schulleitung besteht aus einem Schulleiter/einer Schulleiterin, dem Konrektor/der Konrektorin sowie einer Person, die für das Schulbudget verantwortlich ist. In der Regel wird die Schulleitung von einem Gremium unterstützt, das sich aus LeiterInnen der Jahrgangsteams 9/10 bzw. 3 StufenleiterInnen zusammensetzt, die von den in den Stufen 1-3, 4-6 und 7-9/10 unterrichtenden Lehrkräften gewählt werden. Die Funktionsstellen werden auf Zeit besetzt, Wiederholungen solcher Besetzungen auf Zeit sind im Einvernehmen mit der Schulkonferenz möglich.

5.8 Organisation

Die Volksschule fördert das Klassenlehrerprinzip und ist bemüht, pro Klasse die Anzahl der Unterrichtenden so gering wie möglich zu halten. Alle in einer Klasse Unterrichtenden verstehen sich als ein Klassenteam, das wiederum Teil des gesamten Jahrgangsteams ist. Die Teams arbeiten auf der horizontalen Ebene eng zusammen und werden dabei von vertikal zusammengesetzten Fächerteams beraten und unterstützt. Die Schule kann aufgrund ihrer Wahrnehmung zusätzliche Stufenteams bilden, die sich vor allem mit entwicklungspsychologischen Fragestellungen beschäftigen und nach Antworten darauf suchen.

Klassen-teams	Jahrgang-teams	Stufenteams	Fächerteams
Alle Lehrer 1	Alle Klassen 1	A	Muttersprache
Alle Lehrer 2	Alle Klassen 2	A	Fremdsprachen
Alle Lehrer 3	Alle Klassen 3	A	Mathematik,
Alle Lehrer 4	Alle Klassen 4	B	Naturwissenschaften
Alle Lehrer 5	Alle Klassen 5	B	Geografie,
Alle Lehrer 6	Alle Klassen 6	B	Geschichte,
Alle Lehrer 7	Alle Klassen 7	C	Sozialkunde, Religionen
Alle Lehrer 8	Alle Klassen 8	C	Musische Fächer,
Alle Lehrer 9	Alle Klassen 9	C	Technische Fächer,
Alle Lehrer 10	Alle Klassen 10	C	Sport

Abbildung 3: Horizontale und vertikale Organisationsstruktur der Volksschule

5.9 Klassenfrequenzen

Die Klassenfrequenzen der Volksschule liegen für die Klassen 1-9 bei der Höchstgrenze 20, für die fakultativ angebotenen Klassen 10 dagegen bei der Höchstgrenze 10. Dies kann bedeuten, dass SchülerInnen, die eine Klasse 10 besuchen wollen, dann ihre Schule verlassen müssen, wenn dort die Zahl von 10 nicht erreicht wird.

5.10 Schülerrat

Die Volksschule legt Wert auf die Eigenverantwortung ihrer SchülerInnen. Sie sorgt dafür, dass in den Klassen 1-3 Klassensprecher und deren Stellvertreter gewählt werden. Die Klassensprecher der

Klassen 4-9/10 bilden zusammen den Schülerrat, der wiederum die Wahl des Schulsprechers/der Schulsprecherin und des/der StellvertreterIn aus dem Kreis der Schülerschaft der Klassen 4-9/10 organisiert. Der/die SchulsprecherIn nimmt an Gesamtkonferenzen der Lehrkräfte teil und hat in den Konferenzen jeweils einen festen Tagesordnungspunkt. Er/sie ist Mitglied der Schulkonferenz und hat in ihr eine beratende Funktion.

5.11 Exkursionen

Die Volksschule gestaltet die Exkursionen und Klassenfahrten nach dem Prinzip der Erlebnispädagogik und beteiligt ihre Schüler progressiv an den hierfür notwendigen Vorbereitungen.[35]

5.12 Sitzen bleiben

Die Volksschule lehnt das Sitzen bleiben als fragwürdiges pädagogisches Prinzip ab. Sie unterrichtet, erzieht, berät und fördert ihre Schüler nach dem Prinzip der individuellen Differenzierung. Fächerübergreifende Angebote ermöglichen das Lernen in und mit Projekten, wobei die Projektpräsentation ausdrücklich Teil der Projekte ist und die Erziehungsberechtigten mit einbezieht.

„Der Befund, dass positive Effekte des Sb (= Sitzen bleiben, Anmerkung des Verfassers) erwartet werden können, wenn nicht nur einfach das gleiche Curriculum wiederholt wird, sondern die Sitzenbleiber spezielle Unterstützung erhalten (Holmes, 1989), führt zur Forderung, als Alternative zum Sb die schwachen Schüler zu versetzen und ihnen in der Schule besondere Fördermaßnahmen zukommen zu lassen (Roderick, 1994). Die möglichen stigmatisierenden Effekte des Sb könnten so reduziert werden.“[36]

5.13 Leistungsbeurteilung

An die Stelle von Zeugnissen treten in den Klassen 1-3 jeweils 3 Lehrer-Eltern-Schüler-Gespräche pro Schuljahr. Diese Gespräche werden in der Regel von jedem Mitglied des Klassenteams einzeln geführt, doch kann ein Team auch mit den Erziehungsberechtigten einvernehmlich beschließen, die Gespräche mit dem gesamten Team zu führen. Die behandelten Themen, Ratschläge und Beschlüsse werden in einem Gesprächsheft protokolliert, um so die Basis für das jeweils folgende Gespräch zu haben.

In den Klassen 4-6 löst ein Jahreszeugnis eines der 3 Lehrer-Eltern-Gespräche ab, d.h. dass 2 Lehrer-Eltern-Gespräche nach obigem Muster weiterhin stattfinden, während das Schuljahr mit einem Zeugnis abgeschlossen wird. In die Entscheidung, ob die Gespräche mit dem ganzen Team geführt werden können, werden die SchülerInnen mit einbezogen. Das Jahreszeugnis wird in der Form einer verbalen Beurteilung erstellt.

In den Klassen 7-9 tritt das Halbjahreszeugnis zum Jahreszeugnis hinzu, während die Zahl der Lehrer-Eltern-Gespräche gleich bleibt. In diesen Klassen werden die Schüler stärker an ihre Eigenverantwortung herangeführt, indem sie sich mit dem Klassenteam und ohne ihre Erziehungsberechtigten zu Perspektivgesprächen zusammensetzen. Diese Perspektivgespräche finden wenigstens einmal pro Schuljahr statt, doch können beide beteiligten Seiten ein weiteres Perspektivgespräch beantragen. Das Ziel dieser Gespräche besteht darin, Tendenzen hinsichtlich des weiteren schulischen Werdegangs offen zu legen und gemeinsam zu erörtern. Die Halbjahres- und Jahreszeugnisse enthalten verbale Beurteilungen zu Verhalten, Arbeitsbereitschaft und Verantwortungsübernahme, die Leistungen in den einzelnen Fächern werden nach dem üblichen Notensystem beurteilt.

Klasse	Gespräche	Zeugnisse
1	3 x Lehrer-Eltern-Schüler	
2	3 x Lehrer-Eltern-Schüler	
3	3 x Lehrer-Eltern-Schüler	
4	2 x Lehrer-Eltern-Schüler	Jahreszeugnis
5	2 x Lehrer-Eltern-Schüler	Jahreszeugnis
6	2 x Lehrer-Eltern-Schüler	Jahreszeugnis
7	2 x Lehrer-Eltern-Schüler, 1 x Perspektivgespräch	2 x Zeugnis
8	2 x Lehrer-Eltern-Schüler, 1 x Perspektivgespräch	2 x Zeugnis
9	2 x Lehrer-Eltern-Schüler, 1 x Perspektivgespräch	2 x Zeugnis
10	2 x Lehrer-Eltern-Schüler, 1 x Perspektivgespräch	2 x Zeugnis

Abbildung 4: Leistungsbeurteilung in der Volksschule

Grundsätzlich sei an dieser Stelle aber auch angemerkt, dass die herkömmliche Benotung mit den Ziffern 1-6 nur wenig Platz für durchaus vorhandene Nuancen lässt, was sich häufig in der Notengebung mit den Zusätzen „plus“ bzw. „minus“ niederschlägt. Deshalb scheint es gerechtfertigt, das in der Gymnasialen Oberstufe verwendete 15-Punkte-System in der Volksschule ab der Klasse 4 zu übernehmen.

„Die Suche nach den Determinanten der SL (=Schulleistung, Anmerkung des Verfassers) ist und bleibt eine Schlüsselfrage der Lehr-Lern-Forschung, auch wenn sich die vorherrschenden Paradigmen und verwendeten Methoden im Laufe der Zeit deutlich geändert haben. Viele der dabei gewonnenen Erkenntnisse und entwickelten Methoden lassen sich mit Gewinn auch auf die Aufhellung des Determinantengefüges der Leistungen in anderen Bereichen übertragen, z.B. in der Universität und der Weiterbildung.“[37]

Der Leistungsbeurteilung liegt das Prinzip zugrunde, dass schriftliche und mündliche Leistungen zu je 50 % in die Wertung einfließen.

5.14 Schriftliche Klassenarbeiten

Die Volksschule verzichtet in den Klassen 1-3 auf schriftliche Klassenarbeiten, doch finden schriftliche Überprüfungen zur Feststellung des Wissens und des Lernzuwachses sowie zu Übungszwecken statt. In den Klassen 4-6 wird in den Hauptfächern je eine schriftliche Klassenarbeit pro Schulhalbjahr verlangt. Die Zahl der schriftlichen Klassenarbeiten in den Hauptfächern erhöht sich in den Klassen 7-9/10 auf 2 pro Halbjahr. Hinzu tritt in diesen Klassen je eine schriftlich angefertigte Jahresarbeit, die vor allem fächerübergreifenden und gesellschaftlich relevanten Themenstellungen gewidmet ist.[38]

Klasse	Schriftliche Klassenarbeiten
1	keine
2	keine
3	keine
4	je eine pro Halbjahr und Hauptfach
5	je eine pro Halbjahr und Hauptfach
6	je eine pro Halbjahr und Hauptfach
7	je zwei pro Halbjahr und Hauptfach, eine Jahresarbeit
8	je zwei pro Halbjahr und Hauptfach, eine Jahresarbeit
9	je zwei pro Halbjahr und Hauptfach, eine Jahresarbeit
10	je zwei pro Halbjahr und Hauptfach, eine Jahresarbeit

Abbildung 5: Anzahl der schriftlichen Klassenarbeiten in der Volksschule

5.15 Lehrerarbeitszeit

Die Arbeitszeit der Lehrkräfte richtet sich nach der des Öffentlichen Dienstes. Eine Unterrichtsstunde wird mit einer Stunde für die Vorbereitung abgegolten. Alle übrigen Arbeiten wie die Konferenzen, Lehrer-Eltern-Schüler-Gespräche/Perspektivgespräche, die Verwaltung einer Sammlung, die Geschäfte des/der KlassenlehrerIn, die Realisation einer Klassenfahrt usw. werden in Verhandlungen mit der Schulleitung in Arbeitsstunden umgewandelt und reduzieren die Unterrichtsverpflichtung.

Eine solche Regelung entspricht dem in Skandinavien bewährten Arbeitszeitmodell (U-V-Ü = Unterricht-Vorbereitung-Übriges) und sorgt dafür, dass die LehrerInnen bei ca. 20 Wochenstunden Unterricht die notwendige Zeit für ihre so dringend erforderlichen Aufgaben wie Erziehung, Beratung und Förderung haben.

5.16 Lehrerarbeitsplätze

Die Volksschule bietet ihren Lehrkräften persönliche Arbeitsplätze mit der notwendigen Ausstattung an, sodass Vorbereitungen, Korrekturen und Statistiken in der Schule gemacht werden können, aber auch Gelegenheit zu Schüler-, Kollegen- und Elternkontakten vorhanden ist. Bei einer Wochenarbeitszeit von z.B. 40 Stunden befindet sich die Lehrkraft an 5 Tagen jeweils 8 Stunden in der Schule. Im Übrigen bedeutete die Einrichtung von Lehrerarbeitsplätzen in der Schule auch die logische Konsequenz aus der Entscheidung der Bundesregierung, wonach häusliche Arbeitszimmer von Lehrkräften steuerlich nicht mehr berücksichtigt werden.

5.17 Schulaufsicht

Die Staatliche Schulaufsicht basiert auf Vertrauen. Sie verzichtet auf staatliche Schulämter und kommt mit ihren Repräsentanten nur dann in die Schule, wenn diese es wünscht oder bei der zentralen Abschlussprüfung mehr als 5 % eines Jahrgangs durchfallen.

Zu begrüßen wäre die Benennung von Paten/Patinnen, die sowohl den Schulen als auch dem Ministerium als Ansprechpartner zur Verfügung stehen und so die bisherige Mittelinstanz Staatliches Schulamt ersetzen. Das Patensystem könnte dann recht gut mit dem Inspektionsanspruch verbunden werden, wenn der bisherige Kriterienkatalog eingehend evaluiert und vor allem in Richtung des Aufgehobenseins in der Schulgemeinde = Schulklima innoviert würde. Auf diese Weise könnte der Schulpate/die Schulpatin zum Schulpartner/zur Schulpartnerin werden, was die Staatlichen Schulämter wie die Schulinspektion bisher überwiegend nicht zu leisten verstanden.

5.18 Schulbudget

Das Kultusministerium stattet die Schulen mit einem Budget aus, das sich nach deren Schülerzahl ausrichtet. Dabei werden unterschiedliche Beträge für die Schüler der Klassen 1-3, 4-6 und 7-9/10 zugrunde gelegt, mit denen gewährleistet ist, dass die notwendigen Ausgaben für Schulbücher, Arbeitsmappen und –blätter einschließlich der Kopien gedeckt sind. Die Schule hat das Recht, ihr Kollegium in eigener Regie und unter ministeriellen Vorgaben zusammenzustellen.

5.19 Bildungspläne

In Bildungsplänen werden für jede Klasse Inhalte und Ziele als Orientierungspunkte für Lehrkräfte, Erziehungsberechtigte und SchülerInnen zur Verfügung gestellt. Die Inhalte sind auf die Zeit von 12 Jahren Schulbesuch bezogen und haben primär – Ausnahme ist selbstverständlich das Fach Geschichte – die Gegenwart und Zukunft der jungen Generation als Vorlage. Das freiwillige 10. Schuljahr der Volksschule wirkt sich nicht erweiternd auf die Inhalte aus.

5.20 Lehrerausbildung

Die Lehrerausbildung verliert ein bisheriges Lehramt, nämlich das der Grundschule oder das der Sekundarstufe I, je nach Blickwinkel. An die Stelle beider Lehrämter tritt der Studiengang zum Volksschullehrer, der auf die Tätigkeit in den Klassen 1-9/10 vorbereitet. Grundlage ist eine umfassende Ausbildung in den so genannten P-Fächern sowie die intensive Beschäftigung mit der Didaktik und der Methodik und deren Transfer in die Schule.

Auf der Basis des Abiturs soll jeder Student/jede Studentin dieses Lehramts in die Lage versetzt werden, beinahe jedes Unterrichtsfach zu unterrichten. An die Stelle des Wahlfachs und der Didaktikfächer könnte z.B. das Studium von Fachbereichen wie z.B. der Naturwissenschaften, Sprachen, gesellschaftsrelevanten sowie musisch-technischen Fächer treten.

Angesichts auseinander fallender Strukturen in der Gesellschaft muss Schule bis zur Klasse 9/10 personelle Kontinuität gewährleisten. Dies bedeutet, dass Lehrkräfte ausgebildet werden, die in der Lage sein müssen, eine Klasse über die gesamte Schulzeit hinweg als KlassenlehrerIn zu betreuen.

5.21 Forschung und Lehre

Die Forschung ist frei, die Lehre hat sich auf die gegebene und zukünftige Realität zu beziehen. Das bedeutet nicht nur die Beschäftigung mit den kindlichen und jugendlichen Entwicklungsphasen, sondern auch mit den Ursachen von Verhaltensauffälligkeiten/ Teilleistungsstörungen und ihren Kompensationsmöglichkeiten, denn immer mehr Kinder kommen mit diesen Problemen in die Schule. Gerade auf diesem Feld hat die aktuelle und zukünftige Lehrerfortbildung enormen Nachholbedarf.

6. Fazit

Die in der vorliegenden Streitschrift dargestellten Sichtweisen und Perspektiven sind naturgemäß sehr persönlich. Sie erheben nicht den Anspruch allgemeiner Gültigkeit. Die zum „Gegenentwurf Volksschule" gemachten Äußerungen entsprechen einem Vorschlag zur Reform des bundesrepublikanischen Schulwesens, der allerdings auf eigenem Erleben des Autors beruht. Mit nur geringfügigen Anpassungen zeichnet er ein Bild der „Volksschule" und von dem, was er sich von der Ablösung des dreigliedrigen deutschen Systems durch sie verspricht.

Zu gravierend sind die immer offener zutage tretenden Mängel der Dreigliedrigkeit: Von Chancengleichheit kann nicht die Rede sein, 15 % und mehr eines Jahrgangs verlassen die Schule ohne qualifizierten Abschluss. Trotz ebenbürtiger oder höherer Intelligenzquotienten im Alter von 8 Jahren scheitern überprozentual viele Migranten-Jugendlichen zum Ende ihrer Schulzeit mit allen damit verbundenen negativen Konsequenzen.[39] Gleichzeitig beklagt die Wirtschaft den Mangel an Facharbeitern und rufen Schulen um Hilfe. Rheinland-Pfalz und Schleswig-Holstein schaffen die Hauptschule ab, andere Bundesländer werden nachziehen. Es liegt der Verdacht nahe, dass das Schulsystem am bestehenden Bedarf vorbei ausgebildet hat und dies noch immer tut.

Die Beseitigung der Hauptschule aber kann die grundlegenden Defizite des Schulsystems nicht auch nur annähernd verringern oder gar beseitigen. Mit dieser Maßnahme werden lediglich die bisher vorwiegend auf die Hauptschule konzentrierten Probleme in die Realschule integriert, während weiterhin in der Sekundarstufe I die Auslese an den Gymnasien fortgesetzt wird.

Es ist an der Zeit zu erkennen, dass Kindheit und Jugend nicht mit dem Erwachsenen-Dasein gleichgesetzt werden können. Kinder und Jugendliche bedürfen eines Schutzraums, der durch Bewegung, Neugier/Wissensdrang, Experimente, Versuche und Irrtümer, vor allem aber durch Freude am Erfolg bestimmt sein muss. Jeder Mensch weiß um das Geheimnis und erlebt es an sich selbst: Je mehr die Freude am Tun beteiligt ist, desto größer sind Einsatz und Erfolg!

Die Gegenwart sieht völlig anders aus. Ausgelöst durch die Globalisierung hat sich die Wirtschaftslage für die Mehrheit der erwachsenen Bevölkerung grundlegend gewandelt, sind Mobilität, Ängste um den Arbeitsplatz und die damit verbundene Konkurrenz, wirtschaftlicher und sozialer Abstieg, mögliche Altersarmut und die Ungewissheit hinsichtlich der Pflegebedürftigkeit für den Alltag bestimmend.

Gleiches ist durch die PISA-Studie für die Mehrheit der SchülerInnen in unserem Land geschehen. Von der Verkürzung der Schulzeit zusätzlich getroffen, wird unter Zeit- und Notendruck gepaukt, was das Zeug hält und nur marginal sind Bewegung, Neugier/Wissensdrang, Experimente, Versuche und Irrtümer sowie Freude am Erfolg vorhanden. Von sozialem Lernen weit entfernt, werden Kinder und Jugendliche zu Konkurrenten um Zukunftschancen, denn mehr denn je gilt: „Hast du was, dann bist du was!"

Die Folgen dieser Entwicklungen sind einschneidend und menschenverachtend: Die erlebte und/oder gefühlte Ohnmacht gegenüber dem Vorgesetzten einschließlich der Politik entlädt sich in der zunehmenden Gewalt gegen die Schwachen/Bessergestellten in der Gesellschaft: Übergriffe von Jugendlichen auf Erwachsene und/oder Sachen sind zu Tageserscheinungen geworden, Mobbing ist eine weit verbreitete Zeiterscheinung, Kindesmissbrauch und Kindestötung sind tägliche Delikte, Amokläufe und Massaker an

Schulen nehmen zu. Depressionen greifen um sich, Suchtprävention ist Unterrichtsgegenstand in Grundschulen, die Selbstmordrate Jugendlicher steigt an.

Dies alles ausschließlich dem dreigliedrigen Schulsystem anzulasten, ist natürlich nicht richtig. Ebenso wenig richtig jedoch ist, es aus der Diskussion auszuschließen:

Die Dreigliedrigkeit in der Grund- und Sekundarstufe I ist Teil der sich verschärfenden Situation unserer Gesellschaft und es gilt, ihr entschlossen entgegen zu treten, präventiv tätig zu werden.

Zurück zu Professor Dr. Gerald Hüther: „Eigentlich braucht jedes Kind drei Dinge… Es braucht Aufgaben, an denen es wachsen kann, es braucht Vorbilder, an denen es sich orientieren kann, und es braucht Gemeinschaften, in denen es sich aufgehoben fühlt.“[40]

Die gegenwärtige Praxis sieht anders aus:

Die Kinder bekommen Aufgaben, an denen nur ein Drittel wächst, während die Mehrheit daran knabbert und mindestens ein weiteres Drittel scheitert.

In einem solchen System können Vorbilder, an denen sich die Kinder orientieren können, kaum entstehen. Die Vorbilder kommen dagegen aus den Medien und erfüllen ihre Aufgabe, indem sie die Schule vergessen lassen.

Die Grundschulen sind in vielen Fällen noch in der Lage, den Kindern eine Gemeinschaft zu geben, in denen sie sich aufgehoben fühlen, und dies trotz der zunehmenden Hektik auf das alles entscheidende 4. Schuljahr zu. Schulen der Sekundarstufe I dagegen sind zum überwiegenden Teil nicht in der Lage, diese so zentrale Forderung zu erfüllen.

Die Devise muss lauten:

Schluss mit der Auslese – Fördern ist Trumpf!

Der Autor sieht in der Einführung der „Volksschule" einen Schritt in die richtige Richtung, wohl wissend, dass der allein die Probleme nicht lösen kann. Er hofft, dass er mit seinen Sichtweisen und Perspektiven möglichst viele Mitstreiter gewinnen und damit die Basis für eine Reform des deutschen Schulwesens ein wenig vergrößern kann.

Geben wir endlich den Kindern und Jugendlichen, was sie dringend brauchen: Aufgaben, Vorbilder und Gemeinschaft!

„Es bleibt also letztlich nur der mühsame Weg einer Anpassung des Unterrichts an die unterschiedlichen Lernvoraussetzungen der Schüler. Im Bewusstsein der empirisch gesicherten Tatsache, dass aufgrund stabiler, änderungsresistenter individueller Unterschiede nicht alle Schüler alles lernen und gleiches leisten können, kommt es darauf an, durch differentielle Lernziele, durch einen adaptiven individualisierenden Lehrstil, durch die systematische Kombination verschiedener Unterrichtsmethoden und durch ausreichende nachhelfende (remediale) Instruktion dafür zu sorgen, dass ein ausgewogenes Verhältnis zwischen kollektiver Leistungsegalisierung (bei grundlegenden Lernzielen) und individueller Lernförderung (im Sinne eines Differenzierungscurriculums) verwirklicht wird."[41]

Diesem Zitat von 1998 (!) ist nichts hinzuzufügen.

[1] Vergleiche dazu: Die Zeitbombe, stern, Nr. 47, 2007, S. 93-100
[2] Auch die jüngste Studie hat keine wesentliche Verbesserung für unser System aufgezeigt.
[3] Erziehung und Wissenschaft, 11/2007, S.24
[4] Vergleiche: Dorothea Beigel, Beweg dich, Schule!, Borgmann, 2005
[5] Siehe dazu: Kapitel 5.1, Zielsetzung Schulgemeinde, S.
[6] Vergleiche: Hessisches Netzwerk Schule & Gesundheit, www.schuleund-gesundheit.hessen.de
[7] Siehe dazu: Walter Hölzer, Power-Point-Präsentation Streitschlichtung an der Fürst-Johann-Ludwig-Schule in Hadamar, Koordinierungsstelle Gewaltprävention, Staatliches Schulamt für den Lahn-Dill-Kreis und den Landkreis Limburg-Weilburg
[8] Siehe dazu: stern, Nr. 49, 2007, S. 70
[9] Siehe dazu: Kapitel 5.12, S. ?
[10] Siehe dazu: Dem Respekt und der Verantwortung auf der Spur, Film und Filmbegleitheft zu einer Exkursion in das Dänische Schulsystem, Koordinierungsstelle Gewaltprävention, Staatliches Schulamt für den Lahn-Dill-Kreis und den Landkreis Limburg-Weilburg
[11] Vergleiche dazu: Anne Will, 6. Januar 2008
[12] Dazu: Wilfried Beckwermert, Mentaltraining und Emotionaltraining, Wilfried-Beckwermert@web.de, 2007
[13] Siehe dazu: Kapitel 4.4 und 5.9
[14] Siehe dazu: Kapitel 6., S. ?
[15] Siehe dazu: Handwörterbuch Pädagogische Psychologie, Beltz, 1998, S. 458
[16] Handwörterbuch Pädagogische Psychologie, Beltz, 1998, S. 458
[17] Vergleiche dazu: Die Zeitbombe, stern, Nr. 47, 2007, S. 93-100
[18] Vergleiche: Erziehung und Wissenschaft, 11/2007, S. 36/37
[19] Vergleiche: siehe oben
[20] Vergleiche: siehe oben
[21] Handwörterbuch Pädagogische Psychologie, Beltz, 1998, S. 203-204
[22] Handwörterbuch Pädagogische Psychologie, Beltz, 1998, S. 435
[23] Weilburger Tageblatt, 3.12.2007, S. 3
[24] Siehe dazu: Weilburger Tageblatt, 7.01.2008, Titelseite, „Lehrer benoten sich schlecht“
[25] Vergleiche: Weilburger Tageblatt, 13.11.2007, S. 3
[26] Weilburger Tageblatt, 21.11.2007, S. 6
[2]7 Vergleiche dazu: Gemeinsam erziehen – wie Erziehungsvereinbarungen gelingen können, Hessisches Kultusministerium, Landeselternbeirat von Hessen, 11.2007, S. 33-44

[28] Siehe dazu 4.3, Seite

[29] Handwörterbuch Pädagogische Psychologie, Beltz, 1998, S. 444

[30] Siehe dazu: Schulleitung Pädagoge und/oder Manager, Erziehung und Wissenschaft, 11/2007, S. 6-10

[31] Siehe dazu: Dann gehen Sie doch zu Aldi, stern, Nr. 47, S. 198-202

[32] Siehe dazu: Migration – gemeinsam statt einsam, Power-Point-Präsentation, Koordinierungsstelle Gewaltprävention, Staatliches Schulamt für den Lahn-Dill-Kreis und den Landkreis Limburg-Weilburg

[33] Siehe dazu: Klima-Broschüre, Anhang, Koordinierungsstelle Gewaltprävention, Staatliches Schulamt für den Lahn-Dill-Kreis und den Landkreis Limburg-Weilburg

[34] Siehe dazu: Übergang Kindergarten - Grundschule, Power-Point-Präsentation, Koordinierungsstelle Gewaltprävention, Staatliches Schulamt für den Lahn-Dill-Kreis und den Landkreis Limburg-Weilburg

[35] Siehe dazu: Klima Broschüre, Anhang, Koordinierungsstelle Gewaltprävention, Staatliches Schulamt für den Lahn-Dill-Kreis und den Landkreis Limburg-Weilburg

[36]. Handwörterbuch Pädagogische Psychologie, Beltz, 1998, S. 468

[37] Handwörterbuch Pädagogische Psychologie, Beltz, S. 65

[38] Siehe dazu auch: Handwörterbuch Pädagogische Psychologie, Beltz, 1998, S. 382-385

[39] Professor Christian Pfeiffer bei Anne Will am 6. Januar 2008

[40] Erziehung und Wissenschaft, 11/2007, S. 24

[41] Handwörterbuch Pädagogische Psychologie, Beltz, 1998, S. 98